Ulrich Bachmann/Hans-Peter Schneider (Hg.)

Zwischen Aufklärung und politischem Kampf

Aktuelle Probleme des parlamentarischen Untersuchungsrechts

 Nomos Verlagsgesellschaft
Baden-Baden

CIP-Titelaufnahme der Deutschen Bibliothek

Zwischen Aufklärung und politischem Kampf: aktuelle Probleme d. parlamentar. Untersuchungsrechts / Ulrich Bachmann; Hans-Peter Schneider (Hg.). – 1. Aufl. – Baden-Baden: Nomos Verl.-Ges., 1988
 ISBN 3-7890-1663-2
NE: Bachmann, Ulrich [Hrsg.]

1. Auflage 1988
© Nomos Verlagsgesellschaft, Baden-Baden 1988. Printed in Germany. Alle Rechte, auch die des Nachdrucks von Auszügen, der photomechanischen Wiedergabe und der Übersetzung vorbehalten.

Inhalt

Vorwort   7

Clea Laage/Lothar Strube
Das Untersuchungsrecht als Minderheitsrecht   9

Ulrich Bachmann
Befugnis der (Einsetzungs-)Minderheit zur nachträglichen Änderung des Untersuchungsgegenstandes bei Minderheitsenquêten   31

Hauke Jagau/Hartmut Wessels
Reform des Untersuchungsrechts – Anmerkungen zu einer anhaltenden Debatte   43

Andreas Olschewski
Verweigerung der Herausgabe von Akten an parlamentarische Untersuchungsausschüsse aus Gründen des Staatswohls   67

Andreas Elvers
Das Bundesstaatsprinzip als Schranke des Untersuchungsrechts des Bundestages   89

Daniel Dreher
Beamte und Regierungsmitglieder vor Untersuchungsausschüssen.
Zugleich ein Beitrag zur Sinnlosigkeit der »sinngemäßen Anwendung« von Vorschriften über den Strafprozeß im parlamentarischen Untersuchungsverfahren   97

Delia Kortekamp/Rainer Steffens
Rechtsschutz gegen Abschlußberichte von Untersuchungsausschüssen   107

Anhang: 123

1. Gruppen-Entwurf (BT-Drucks. 11/1896) 125
2. SPD-Entwurf (BT-Drucks. 11/2025) 135
3. Rechtsprechungs-Übersicht (erarbeitet im Fachbereich X der Wissenschaftlichen Dienste des Deutschen Bundestages) 141

Vorwort

Das Recht der parlamentarischen Untersuchungsausschüsse hat Konjunktur. Jahrzehntelang bloßes Stiefkind des Parlamentsrechts, ist es neuerdings in Bewegung geraten und dabei zunehmend in den Vordergrund nicht nur politischer Auseinandersetzungen, sondern auch des allgemeinen öffentlichen Interesses an der Aufklärung von Mißständen in Regierung, Verwaltung und Großunternehmen gerückt. Während der Deutsche Bundestag noch immer nach den sog. »IPA-Regeln« von 1969 verfährt, haben sich immer stärker die Gerichte seiner bemächtigt und Mängel oder Lücken offengelegt, die inzwischen eine Totalrevision der gesamten Materie nahezu unausweichlich werden lassen.
Von 62 dokumentierten Gerichtsentscheidungen (vgl. Anhang 3) stammen etwa zwei Drittel, nämlich 42, allein aus den letzten fünf Jahren. Gegenstand dieser Verfahren waren vor allem Umfang und Grenzen der Befugnisse von Untersuchungsausschüssen, das Problem der »sinngemäßen Anwendung« des Strafprozeßrechts auf die Beweiserhebung sowie nicht zuletzt der Individualrechtsschutz gegenüber parlamentarischen Informationseingriffen. Nachdem die »Deutsche Vereinigung für Parlamentsfragen« im November vergangenen Jahres bereits über die Notwendigkeit einer Reform des Rechts der Untersuchungsausschüsse debattiert hat und sich der diesjährige »Deutsche Juristentag« in Mainz zum dritten Mal (nach 1926 und 1964) mit diesem Thema beschäftigen wird, liegen jetzt auch dem Bundestag zwei neue Gesetzentwürfe vor (vgl. Anlage 1 und 2), mit denen die der Justiz überlassene Gestaltungsinitiative für die Politik zurückgewonnen werden soll.
Ob und inwieweit man indes bei einer grundlegenden Neuordnung des Rechts parlamentarischer Untersuchungsausschüsse ohne Verfassungsänderungen auskommt, ist durchaus zweifelhaft. Denn die meisten Streitpunkte auf diesem Gebiet sind letztlich stets Verfassungsfragen.
Um neue Denkanstöße in diese Richtung zu vermitteln, aber auch um den gegenwärtigen Stand der Diskussion über wichtige Einzelfragen des Untersuchungsrechts wiederzugeben und den Zugang zu der kaum noch überschaubaren Fülle an Material auf jenem Gebiet zu erleichtern, werden mit dem vorliegenden Sammelband einige Beiträge zu besonders aktuellen Problemen des Untersuchungsverfahrens herausgegeben, die –

bis auf einen – als Referate studentischer Mitglieder des »Staatsrechtlichen Seminars« an der Universität Hannover im Wintersemester 1987/88 entstanden sind und für die Veröffentlichung entsprechend überarbeitet wurden.

Die Publikation von Seminararbeiten ist immer ein Wagnis. Wenn sich die Herausgeber trotz anfänglicher Bedenken dennoch dazu entschlossen haben, dann hat dies nicht nur mit der Aktualität des Themas oder mit der Vielzahl an wichtigen Einsichten zu tun, die in diesen Beiträgen enthalten sind. Es soll damit zugleich der Nachweis erbracht werden, daß an unseren Universitäten »forschendes Lernen« nicht nur ein Wunschtraum ist, sondern auch Wirklichkeit werden kann, und viele Studenten oft nur des Anstoßes bedürfen, um von sich aus beachtliche Leistungen zu erbringen. In diesem Sinne möge das Buch nicht zuletzt auch als Anregung und Ermutigung zu einem stärker wissenschaftlich ausgerichteten Studium verstanden werden.

Hannover, im Juli 1988   *Ulrich Bachmann*
                                      Hans-Peter Schneider

Clea Laage/Lothar Strube

Das Untersuchungsrecht als Minderheitsrecht

A. *Einleitung*

Das Untersuchungsrecht soll dem Parlament vor allem dazu dienen, seine Kontrollfunktion gegenüber der Exekutive wahrzunehmen.[1] In der (Verfassungs-)Wirklichkeit entstehen durch den »für den sozialen Leistungsstaat charakteristischen administrativen Informationsvorsprung«[2] der Regierung gegenüber den Abgeordneten kontrollfreie Räume im Exekutivbereich. Dieser Funktionsverlust des Parlaments erweist sich bei genauerer Betrachtung als Funktions- und Kompetenzverlust der Parlamentsminderheit, denn besonders die Abgeordneten der Opposition haben mit mangelnder Einblicksbefugnis in administrative Entscheidungsvorgänge zu kämpfen. Die der Opposition mit dem Minderheitsrecht im Untersuchungsrecht zugewiesene Kontrollfunktion ist durch Informationsdefizite bedroht.

Vor diesem Hintergrund – der Erkenntnis, daß »Informationsmängel parlamentarischer Minderheiten praktisch zum Schlüsselproblem für parlamentarische Machtkontrolle« werden[3] – stellt sich die Frage, wieweit das Minderheitsrecht – abweichend von der Begrenzung auf die Einsetzung von Untersuchungsausschüssen nach dem Wortlaut des Art. 44 Abs. 1 GG und in den meisten Länderverfassungen[4] – auf die *Durchführung des Verfahrens* durchschlagen soll.

---

[1] Wir beschränken uns auf die Kontroll-, insbesondere auf die sog. Skandal- und Mißstandsuntersuchungsausschüsse, und lassen die Gesetzgebungsuntersuchungsausschüsse unberücksichtigt, weil nur bei ersteren das Minderheitsrecht durch ihre Kontrollfunktion Bedeutung gewinnt. Zweitens beziehen sich unsere Ausführungen nur auf Minderheitsuntersuchungsausschüsse, weil sich nur bei ihnen Konflikte aus dem Spannungsverhältnis von allgemeinem parlamentarischen Mehrheitsprinzip und verfassungsrechtlich festgelegtem Minderheitsrecht ergeben.
[2] *H.-P. Schneider*, Opposition und Information. Der Aktenvorlageanspruch als parlamentarisches Minderheitsrecht, AöR 99 (1974), S. 628 (629).
[3] Ebenda, S. 629.
[4] Art. 105 Brem. Verf.; Art. 25 Abs. 1 Bay. Verf.; Art. 91 Satz 1 Verf. Rh.-Pfalz; Art. 15 Abs. 1 Verf. Schl.-Holst.; Art 33 Abs. 1 Berl. Verf.; Art. 79 Abs. 1 Saarl. Verf. Anders

Ob das Minderheitsrecht als Verfahrensgarantie – etwa entsprechend dem Bedeutungsgehalt der Grundrechte als Organisations- und Verfahrensgarantien (effektiver Rechtsschutz, Informations- und Verfahrensteilhabe)[5] – ›materialisiert‹[6] werden sollte, so daß die Minderheit die alleinige Sachherrschaft über das Untersuchungsthema wie das Untersuchungsverfahren und damit die Chance zur Durchsetzung des Untersuchungsinteresses hat, wird hier nicht lediglich als verfassungspolitische Frage begriffen. Ihre Beantwortung ergibt sich aus dem Demokratiebegriff des Grundgesetzes. Demzufolge ist die Frage, ob das Minderheitsrecht als Verfassungsgarantie ausgestaltet werden »sollte«, präziser in folgender These zu fassen:

Die ›Materialisierung‹ des Minderheitsrechts ist von dem im Grundgesetz vorgegebenen Begriff der parlamentarischen Demokratie und der darin enthaltenen Rolle der Opposition nicht nur möglich, sondern geradezu geboten. Diese These begründen wir in zwei Schritten: Zunächst wird das Minderheitsrecht im Untersuchungsrecht aus dem parlamentarischen Regierungssystem hergeleitet (B. I.). Sodann wird, durch die Annahme der Unverzichtbarkeit einer »effizienten« Opposition für die parlamentarische Demokratie, das Gebot der ›Materialisierung‹ des Minderheitsrechts verfassungstheoretisch gestützt (B. II.).

Damit gewinnen wir eine Argumentationsgrundlage, mit der sich die Forderung nach ›Materialisierung‹ des Minderheitsrechts im einzelnen begründen läßt (C.).

---

das Minderheitsrecht in unterschiedlicher Weise auf die Beweiserhebung erstreckend: Art. 35 Abs. 2 Verf. Bad.-Württ.; Art. 25 Abs. 1 Satz 2 Hamb. Verf.; Art. 41 Abs 1 Satz 2 Verf. NRW; Art. 11 Abs. 2 Nds. Verf.; Art. 92 Satz 2 Hess. Verf.

5 *Hesse*, Grundzüge des Verfassungsrechts der Bundesrepublik Deutschland, 16. Aufl., 1988, Rdnrn. 358 ff.

6 Vereinfachend verwenden wir im folgenden für diese komplexe Forderung den Begriff »Materialisierung des Minderheitsrechts«.

B. *Das Untersuchungsrecht als Minderheitsrecht – ein verfassungstheoretisches Problem*

I. *Das Minderheitsrecht als »logische Konsequenz« des Wandels von der konstitionellen Monarchie zum parlamentarischen Regierungssystem*

Bei der verfassungstheoretischen Begründung des Minderheitsrechts sind die Entscheidungsfunktionen des Parlaments (Gesetzgebungs- und Planungskompetenz) von dessen Kontrollfunktionen zu unterscheiden, da bei letzteren das Mehrheitsprinzip nicht uneingeschränkt gilt. Das Minderheitsrecht ergibt sich hier aus folgendem Gedankengang:
Ursprünglich, im konstitutionellen Staat, war das Untersuchungsrecht – entsprechend der politischen Gegnerschaft zwischen Parlament und Regierung – ein von der Mehrheit des Parlaments einzusetzendes Instrument zur Kontrolle der fürstlichen Ministerialkabinette. Dieser Dualismus von Regierung und Parlament, auf dem das Untersuchungsrecht als Instrument der Mehrheit beruht, ist im parlamentarischen Regierungssystem nicht mehr vorhanden. Regierung und Parlamentsmehrheit sind politisch weitgehend identisch. Die Mehrheit des Parlaments ist kaum noch geneigt, eine Untersuchung gegen ›ihre‹ Regierung vorzunehmen. Sie betrachtet sich eher als »Schutztruppe der Regierung denn als ein ebenfalls zur Kontrolle verpflichteter Teil des Parlaments.«[7] Um der sich daraus ergebenden Gefahr einer Verringerung der Kontrolleffizienz zu begegnen, mußte das Untersuchungsrecht jetzt der Opposition, der Parlamentsminderheit zustehen, denn sie allein hat noch ein Interesse an der Regierungskontrolle.
Die Einführung des Minderheitsrechts kann als »logische Konsequenz« des Wandels zum parlamentarischen Regierungssystem bezeichnet werden, weil dadurch nur die Konsequenz aus dem neuen Dualismus (Regierungs-)Mehrheit und Opposition gezogen wurde und nur durch sie effektive Regierungskontrolle mit der für das parlamentarische System essentiellen Chance des Mehrheits- und Regierungswechsels garantiert ist.

---

7 *Heinemann*, Verhandlungen des 45. DJT, Bd. II, Teil E, S. 53.

Aus solchen Überlegungen heraus entwickelte *Max Weber* den »deutschen Sonderweg« im Untersuchungsrecht: die Ausgestaltung des Untersuchungsrechts als Minderheitsrecht. Er plädierte dafür, das Enquêterecht »unbedingt als Minoritätsrecht (sagen wir etwa: auf Verlangen von 100 Abgeordneten)« auszugestalten, »schon um gegen jede künftig einmal mögliche ›Mehrheitswirtschaft‹ und ihre bekannten Gefahren jenes Gegengewicht der Publizität zu bieten, welches in anderen Staaten fehlt«[8].
Diesem Plädoyer für das Minderheitsrecht folgten die Weimarer Reichsverfassung und die meisten Länderverfassungen der Weimarer Zeit. Art. 34 WRV beschränkte das Minderheitsrecht nicht auf die Einsetzung von Untersuchungsausschüssen (Art. 34 Abs. 1 Satz 1 WRV), sondern garantierte darüber hinaus die Durchsetzung des Untersuchungsinteresses der Minderheit im Untersuchungsverfahren, indem festgelegt wurde, daß die Untersuchungsausschüsse die Beweise zu erheben hatten, die »sie oder die Antragsteller für erforderlich erachten« (Art. 34 Abs. 1 Satz 2 WRV). Art. 57 HChE und ihm folgend Art. 44 GG übernahmen zwar die Grundidee, das Untersuchungsrecht als Minderheitsrecht auszugestalten, verzichteten aber auf das Beweisantragsrecht der Antragsteller. Diese die heutige Diskussion leitende »Entmaterialisierung« des Minderheitsrechts wurde weder im Verfassungskonvent auf Herrenchiemsee noch im Parlamentarischen Rat weiter begründet.

II. *Das Minderheitsrecht als Oppositionsrecht – Gebot der ›Materialisierung‹ des Minderheitsrechts im Untersuchungsrecht*

In der oben entwickelten These gehen wir davon aus, daß sich ein Gebot der ›Materialisierung‹ des Minderheitsrechts aus dem Begriff der parlamentarischen Demokratie und besonders der darin enthaltenen Rolle der Opposition ergibt.
Um zu belegen, daß die ›Materialisierung‹ des Minderheitsrechts die schlichte verfassungsrechtliche »Konsequenz einer funktionalen Theorie der demokratischen Ordnung«[9] ist, orientieren wir uns an der »normati-

---

8 *Max Weber*, Parlament und Regierung im neugeordneten Deutschland. Zur Kritik des Beamtentums und Parteiwesens (1918), in: ders., Gesammelte politische Schriften, 4. Aufl., 1980, S. 359.
9 *H.-P. Schneider*, Die parlamentarische Opposition im Verfassungsrecht der Bundesrepublik Deutschland, Bd. I, 1974, S. 42. Im Gegensatz zur hier vertretenen These spricht *Schneider* von einer verfassungspolitischen Konsequenz.

ven Oppositionstheorie« *Schneiders*[10], die die Forderung nach Aufwertung des Oppositionsstatus‹, des Minderheitsrechts, in den Zusammenhang einer Demokratietheorie stellt.

Zwei Elemente des demokratischen Prinzips fordern die Bildung und Ausübung einer konstruktiven Opposition, hier also die ›Materialisierung‹ des Minderheitsrechts:

a) Das demokratische Elementarprinzip der Selbstbestimmung des Volkes, der freie und offene Prozeß unmittelbarer politischer Willensbildung durch das Volk setzt nicht nur die reale Existenz von unterschiedlichen Meinungen voraus, sondern auch die Möglichkeit, diese »wirksam zu artikulieren, zu organisieren und im politischen Prozeß gebührend zur Geltung zu bringen«[11]. Gewährleistet ist diese von der Verfassung geforderte »reale Möglichkeit des Dissenses, der Ingangsetzung effektiver Kontrollprozesse« als Fundament demokratischer Partizipation wesentlich durch effektive Artikulations- und Kontrollmöglichkeiten der Opposition, als »praktische Oppositionsfreiheit«[12]. Erst so zeigen sich den Bürgern politische Entscheidungsalternativen, nur so gewinnt die Selbstbestimmung des Volkes Realität und ist mehr als nur »organisierte Akklamation zu bereits autoritär festgelegten Entscheidungen«[13].

b) Ebenso unverzichtbar ist »effektive Oppositionsfreiheit« für ein weiteres Grundprinzip parlamentarischer Demokratie, nämlich die Begrenzung und Rationalisierung staatlicher Herrschaft als stets nur treuhänderisch übertragener Macht, das »System alternativer Regierung«.[14] Schließlich setzt die Möglichkeit eines Führungswechsels nicht nur den realen Bestand einer Opposition voraus, sondern auch die Chance, Mängel im Verantwortungsbereich der Regierung durch effektive Kontrollmöglichkeiten aufzudecken, diese der Öffentlichkeit zur Kenntnis zu bringen und sich dadurch als wirkliche Alternative anzubieten. Eine solche vom Demokratieprinzip gebotene »Institutionalisierung von (Kontroll- und damit, d. Verf.) Machtwechselchancen«[15], wie sie erst durch eine »effektive« Opposition gegeben wäre, ist daher keine »rechtsstaatlich bedenkliche Privilegierung bestimmter Minderheiten, sondern eine funk-

---

10 Zum Begriff »normative Oppositionstheorie« *H.-P. Schneider* (Fn. 9), S. 32.
11 Ebenda, S. 374.
12 Ebenda, S. 394.
13 Ebenda.
14 *Hesse* (Fn. 5), Rdnr. 155, 157.
15 *H.-P. Schneider* (Fn. 9), S. 411.

tional notwendige Effektivierung des demokratischen Prinzips«[16], also ein verfassungsrechtliches Gebot.
Somit läßt sich *Schneiders* Ergebnis, das zwar auf die Institutionalisierung »effektiver Oppositionsfreiheit« im allgemeinen zielt, durchaus auf die Forderung nach ›Materialisierung‹ des Minderheitsrechts übertragen: Sollte sich erweisen, daß die parlamentarische Opposition aus ihrer derzeitigen Rechtsstellung im Bundestag heraus die vom Demokratieprinzip gebotene Aufgabe nur unzureichend erfüllen kann, dann wäre »durch eine normativ-funktionale Hervorhebung und Stärkung des Oppositionsstatus auf die im Interesse demokratischer Effektivität ... gebotene Erhöhung der Machtwechselchancen hinzuwirken.«[17]

C. *Das Untersuchungsrecht als Minderheitsrecht – Ein praktisch-politisches Problem*

I. *Das Minderheitsrecht bei Einsetzung des Untersuchungsausschusses*

1. *Minderheitsrecht und materielles Prüfungsrecht des Plenums*

Zum Recht der Minderheit auf Einsetzung eines Untersuchungsausschusses gehört die Bestimmung des Untersuchungsgegenstandes.[18] Diese Befugnis findet ihre Grenzen in der Verfassung, insbesondere im Bundesstaatsprinzip, in der Gewaltenteilung, im Rechtsstaatsprinzip (v.a. im Bestimmtheitsgebot) und in den Grundrechten. Weitere inhaltliche Einschränkungen ergeben sich nach wohl h.M. aus der Natur der Untersuchungsausschüsse[19]: Die Untersuchung muß danach im öffentlichen Interesse liegen[20] und geeignet sein, einen Beschluß des Parlaments vorzubereiten.[21] Die Begrenzung des Minderheitsrechts durch die Verfassung hat zur Folge, daß das Parlament dem Einsetzungsantrag der Minderheit

---

16 Ebenda, S. 410.
17 Ebenda, S. 411.
18 BVerfGE 49, 70 (78f. 86).
19 *Maunz*, in: Maunz/Dürig, Kommentar zum Grundgesetz, Art. 44, Rdnr. 18.
20 Ebenda, Art. 44, Rdnr. 19 m.w.N.
21 *Lammers*, Parlamentarische Untersuchungsausschüsse, in: Anschütz/Thoma, Handbuch des deutschen Staatsrechts, Bd. II, Tübingen 1932, S. 454 (465).

nur dann Folge leisten muß und darf, wenn er den verfassungsrechtlichen Anforderungen genügt. Die Parlamentsmehrheit hat daher nach allgemeiner Ansicht hinsichtlich der Verfassungsmäßigkeit des Antrags ein materielles Prüfungsrecht.[22] Problematisch wird die Prüfungskompetenz der Mehrheit, wenn diese so extensiv ausgelegt wird, daß das Minderheitsrecht unverhältnismäßig reduziert würde.

a) *Grenzen des materiellen Prüfungsrechts*

aa) Zulässigkeitsvermutung zugunsten von Minderheitsanträgen:

Zum Schutz des Minderheitsrechts ist bei der Prüfung der Verfassungsmäßigkeit die Zulässigkeit des Minderheitsantrags solange anzunehmen, bis sich die Verfassungswidrigkeit als evident erweist; bloße Zweifel an der Verfassungsmäßigkeit reichen nicht aus.[23]

bb) Optimierung widerstreitender Verfassungsprinzipien als Auslegungsmaxime:

Um das Minderheitsrecht nicht unverhältnismäßig zu reduzieren, hat die Mehrheit bei der Prüfung der Verfassungsmäßigkeit die Pflicht, das Prinzip des verhältnismäßigen Ausgleichs zu berücksichtigen, d.h. sie hat das Minderheitsrecht in seiner Bedeutung für eine effektive Opposition einerseits und die das Einsetzungsrecht der Minderheit begrenzenden Verfassungsprinzipien andererseits einander so zuzuordnen, daß beide Wirklichkeit gewinnen. Es darf nicht eins auf Kosten des anderen reduziert werden.[24]

– Ausgleich zwischen Minderheitsrecht und Erfordernis des öffentlichen Interesses:

Wie jeder unbestimmte Rechtsbegriff ist auch der Begriff des »öffentlichen Interesses« konkretisierungsbedürftig. Würde die Konkretisierungskompetenz der Mehrheit zufallen, wäre es ihr ein Leichtes, durch das Bestreiten des öffentlichen Interesses jeden Minderheitsantrag abzuleh-

---

22 *H.-P. Schneider*, AK-GG II, Art. 44, Rdnr. 5 m.w.N.; BayVerfGH 30, 48 (62).
23 *Schleich*, Das parlamentarische Untersuchungsrecht des Bundestages, 1985, S. 82.
24 So das Prinzip der praktischen Konkordanz, *Hesse* (Fn. 5), Rdnr. 72.

nen und damit das Minderheitsrecht unverhältnismäßig zu verkürzen. Aus diesem Grunde hat der BayVerfGH richtigerweise festgestellt, daß der Antrag der Minderheit ein öffentliches Interesse indiziert und daß die Mehrheit einen Antrag im »Interesse des Minderheitsschutzes« nur dann zurückweisen darf, wenn triftige Gründe vorliegen, die das öffentliche Interesse ausschließen.[25]

– Ausgleich zwischen Minderheitsrecht und dem Grundsatz der Gewaltenteilung:

Bei der Frage, ob ein Einsetzungsantrag wegen Verletzung des Gewaltenteilungsprinzips abgelehnt werden kann, müssen zwei Gesichtspunkte berücksichtigt werden. Zum einen bedeutet Gewaltenteilung nicht vornehmlich Organtrennung, sondern Funktionenteilung und Kompetenzzuordnung, und impliziert damit tendenziell eine Kooperation der Gewalten. Unter diesem Aspekt scheint uns das Minderheitsrecht in seiner Funktion der Exekutivkontrolle nicht genügend in den Abwägungsvorgang eingeflossen zu sein, wenn etwa ein Antrag pauschal mit dem Argument abgelehnt werden sollte, es handele »sich funktional um Mitregierung oder Mitverwaltung, die im Prinzip kaum Sache des Gesamtparlaments, am wenigsten aber einer Oppositionsminderheit ist.«[26]
Zweitens: Gewaltenteilung hat Gewaltenkontrolle zum Ziel. Gerade das Minderheitsrecht im Untersuchungsrecht dient diesem Ziel. Diese gewaltenteilungssichernde Funktion des Minderheitsrechts fließt in den geforderten Ausgleich zwischen Gewaltenteilungsprinzip und Minderheitsrecht nicht ein, wenn ein Minderheitsantrag mit der Begründung abgelehnt wird, er beschränke sich nicht auf »sogenannte ex-post Kontrolle«, sondern beabsichtige verfahrensbegleitende oder vorbeugende Kontrolle[27]. Hierdurch wird das Minderheitsrecht unverhältnismäßig reduziert, weil ein kontrollfreier Kernbereich der Exekutive postuliert wird, der der vom Minderheitsrecht angestrebten »effektiven« Kontrolle – d.h. nicht nur nachträgliche und negative Kontrolle, sondern »Kontrolle durch Mitwirkung«[28] – entzogen ist.

---

25 BayVerfGH 30, 48 (64); BayVerfGH, NVwZ 1986, 822 (826).
26 So aber *H.-P. Schneider* (Fn. 2), S. 646.
27 BayVerfGH, NVwZ 1986, 822 (Leitsätze 4 und 5).
28 *H.-P. Schneider* (Fn. 9), S. 395.

– Ausgleich zwischen Minderheitsrecht und Bestimmtheitsgebot:

Da der Untersuchungsausschuß als Hilfsorgan des Parlaments den Untersuchungsgegenstand nicht selbst festlegen darf, muß das Beweisthema bereits im Einsetzungsantrag hinreichend bestimmt sein.[29] Da die Minderheit den Antrag zumindest während der Beratungen bis zur Beschlußfassung des Plenums noch konkretisieren kann, um etwaige Bedenken hinsichtlich des Bestimmtheitsgebotes auszuräumen[30], ist in diesem Erfordernis keine Verkürzung des Minderheitsrechts zu sehen.[31] Das Interesse der Minderheit wird durch diese Forderung eher noch geschützt, denn je bestimmter der Untersuchungsgegenstand bezeichnet ist, um so weniger ist es der Mehrheit möglich, das Untersuchungsthema in ihrem Interesse zu interpretieren.

Eine Verkürzung des Minderheitsrechts könnte allerdings dann eintreten, wenn das Bestimmtheitsgebot restriktiv ausgelegt würde. Zu berücksichtigen sind bei dem geforderten Grad der Bestimmtheit die begrenzte Möglichkeit der Oppositionsabgeordneten, Informationen über den zu untersuchenden Gegenstand in Bereich der Exekutive zu erhalten, und die daraus folgende Lückenhaftigkeit der Tatsachengrundlage. Deswegen darf ein Minderheitsantrag von der Mehrheit nicht schon deshalb abgelehnt werden, weil das Thema umfassender angegeben wird, als dies der Mehrheit erforderlich scheint.[32]

b) *Folgerungen aus dem materiellen Prüfungsrecht*

Sollte die Mehrheit trotz der von ihr in dieser Weise vorgenommenen Prüfung zu dem Ergebnis kommen, der Einsetzungsantrag der Minderheit sei verfassungswidrig, ergeben sich unter Beachtung des Minderheitsrechts folgende Möglichkeiten:

aa) Ablehnung des unzulässigen Einsetzungsantrags:

Das Plenum hat zunächst die Möglichkeit, den als unzulässig erachteten Minderheitsantrag ganz abzulehnen. Um einer Negation des Einset-

---

29 StGH Bad.-Württ., DÖV 1977, 524 (Leitsatz 4); § 4 IPA-Regeln (BT-Drucks. 5/4209).
30 Vgl. hierzu den Beitrag von *Bachmann* in diesem Band.
31 BayVerfGH 30, 48 (49).
32 StGH Bad.-Württ., DÖV 1977, S. 524 (527). Zu dem Problem des Konkretisierungsrechts bzw. der Konkretisierungspflicht bei zu unbestimmtem Antrag siehe I.1.cc).

zungsrechts zu begegnen, ist eine Pflicht der Mehrheit, die Ablehnung zu begründen, verfassungsrechtlich geboten[33]; denn diese Begründung ist für die weiteren Bemühungen der Minderheit, die Untersuchung durchzusetzen, von entscheidender Bedeutung. Von ihr hängt ab, ob die Einsetzungsminderheit die beanstandeten Punkte fallenlassen oder auf dem Gerichtsweg den ganzen Antrag weiterverfolgen will. Dagegen erklärt der BayVerfGH die Begründung nur für eine »Obliegenheit« der Mehrheit.[34] Besonders verwundert die Argumentation, Ablehnungsgründe seien nur zu nennen, wenn es »Zeit- und Mehrheitsverhältnisse«[35] erlauben, weil hier explizit auf die politischen Verhältnisse statt auf die Bedeutung des Minderheitsrechts als Oppositionsrecht in der parlamentarischen Demokratie rekurriert wird.

bb) Teilweise Ablehnung des unzulässigen Einsetzungsantrags:

Ob die Mehrheit bei teilweise unzulässigem Einsetzungsantrag die Möglichkeit haben soll, den Einsetzungsantrag aufzuspalten, und ob der Untersuchungsausschuß mit dem auf den zulässigen Teil reduzierten Untersuchungsauftrag einzusetzen sei, ist strittig. Eine solche Teilstattgabe verletzt das Recht der Minderheit, den Untersuchungsgegenstand zu bestimmen. Daher ist zu fragen, ob es nicht der Minderheit überlassen werden muß zu entscheiden, ob sie einen Untersuchungsausschuß mit beschränktem Untersuchungsauftrag einsetzen will oder nicht.[36] Dies ist nur dadurch möglich, daß die Mehrheit den Antrag zunächst insgesamt ablehnt. Wenn allerdings die unzulässigen Teile von untergeordneter Bedeutung sind, würde die Ablehnung des gesamten Antrags als rechtsmißbräuchlich anzusehen sein.[37] In diesem Falle ist eine Teilstattgabe zulässig. Zum Schutz des Einsetzungsrechts der Minderheit hat die Mehrheit auch hier eine Begründungspflicht.

---

33 *Schröder*, Minderheitenschutz im parlamentarischen Untersuchungsverfahren: Neue Gerichtsentscheidungen, ZParl 1986, S. 367 (371).
34 BayVerfGH, NVwZ 1986, 822 (826)
35 Ebenda.
36 *Hempfer*, Zur Änderungsbefugnis der Parlamentsmehrheit bei Minderheitsanträgen auf Einsetzung von Untersuchungsausschüssen, ZParl 1979, S. 295.
37 So auch BayVerfGH, NVwZ 1980, 822 (823). Aus diesem Grund meinten vier Richter in einem Sondervotum, daß die Mehrheit dem Antrag, soweit er zulässig ist, stattgeben müßte, weil die Mehrheit immer »nicht völlig unwesentliche Teile« finden wird, die sie aus vertretbaren Gründen für unzulässig hält und ihr so die Ablehnung des ganzen Antrags ermöglichen. Sondervotum BayVerfGH, DVBl. 1980, 295 (236). Das Sondervotum kann sich auf BayVerfGH 30, 48 (63) stützen, wo entschieden wurde, eine Teilstattgabe trage dem Minderheitsinteresse besser Rechnung.

cc) Änderung des unzulässigen Einsetzungsantrags – Konkretisierungsrecht bzw. -pflicht des Plenums bei nicht hinreichend bestimmtem Antrag:

Es ist umstritten, ob das Plenum berechtigt bzw. verpflichtet ist, einen nicht hinreichend bestimmten Antrag durch eine Konkretisierung zulässig zu machen. Soll der Mehrheit nicht die unbegrenzte Möglichkeit eröffnet werden, den Untersuchungsgegenstand in ihrem Interesse zu konkretisieren, so ist ein Konkretisierungs*recht* abzulehnen. Einer solchen Einflußnahme der Mehrheit ist die Ablehnung des gesamten Antrags vorzuziehen. Auch die organschaftliche Stellung des Untersuchungsausschusses erfordert kein Konkretisierungsrecht[38]. Denn die Verpflichtung der Minderheit, einen hinreichend bestimmten Antrag zur Abstimmung zu bringen, garantiert bereits ausreichend, daß die Bestimmung des Untersuchungsgegenstandes nicht Sache des Untersuchungsausschusses wird.

Auch eine Konkretisierungs*pflicht* ist abzulehnen, denn diese würde der Mehrheit die Einwirkung auf den von der Minderheit bezeichneten Untersuchungsgegenstand nicht nur erlauben, sondern sogar vorschreiben. Diese Gefahr für das Minderheitsrecht kann durch den Vorteil der schnellen Vorabentscheidung (über den Einsetzungsantrag wird noch in derselben Sitzung entschieden) nicht aufgewogen werden, besonders wenn bedacht wird, daß die Minderheit den Antrag selbst bis zur Beschlußfassung konkretisieren kann[39]. Die Konkretisierungspflicht trägt deshalb nicht zur Stärkung des Minderheitsrechts bei[40].

---

38 Anders StGH Bad.-Württ., DÖV 1977, S. 524 (525); ihm folgend *H.-P. Schneider*, Anm. zu diesem Urteil, JA 1977, 411.
39 Dagegen hält der StGH Bad.-Württ. eine Konkretisierungspflicht wegen der Möglichkeit zur schnellen Verabschiedung zwar für eine »Verbesserung« hinsichtlich des Minderheitsrechts, lehnt sie aber dennoch ab, weil es »sinnwidrig« wäre, »würde man von der Mehrheit verlangen, sie solle die Opposition in der Ausübung des gegen sie gerichteten Oppositionsrechts unterstützen.«
40 Anders *H.-P. Schneider* (Fn. 38), S. 411. Zu dieser anderen Auffassung führt das von uns nicht geteilte Verständnis des Untersuchungsausschusses als Instrument des Gesamtparlaments: »Dabei (bei der Ablehnung einer Konkretisierungspflicht, d. Verf.) wird freilich übersehen, daß im Hinblick auf die Kontrollfunktion des Gesamtparlaments auch die Mehrheit ein Interesse an der Untersuchung hat.«

2. Erweiterung des Untersuchungsgegenstandes durch das Plenum

Wegen des Rechts der Minderheit, den Untersuchungsgegenstand zu bestimmen, ist die Mehrheit grundsätzlich nicht befugt, den Untersuchungsgegenstand gegen den Willen der Antragsteller zu ändern.[41]
Kriterien für die Zulässigkeit von Erweiterungen des Untersuchungsgegenstandes stellte zunächst der Staatsgerichtshof für das Deutsche Reich auf; sie wurden von der späteren Rechtsprechung[42], insbesondere vom Bundesverfassungsgericht, nur geringfügig modifiziert:
- Der Untersuchungsgegenstand darf in seinem Kern nicht geändert werden, d.h. insbesondere, daß ihm kein neuer Gegenstand hinzugefügt werden darf.
- Eine Erweiterung des Antrags ist unzulässig, wenn diese die Ausschußarbeit wesentlich verzögert, verschleppt oder verdunkelt.
- Zusatzanträge sind jedoch immer dann zulässig, wenn sie dem Zweck der Untersuchung, die objektive Wahrheit zu ermitteln, dienen. »Das Ausschußverfahren verliert seinen Sinn, wenn der Ausschuß den zu überprüfenden Sachverhalt von vornherein nur unter einem eingeengten Blickwinkel untersucht und damit dem Parlament – und auch der Öffentlichkeit – allenfalls eine verzerrte Darstellung vermitteln kann. Von Verfassungs wegen sind deshalb Zusatzfragen gegen den Willen der Antragsteller zulässig – und zwar selbst dann, wenn dies zu einer Verzögerung der Ausschußarbeit führt –, wenn sie nötig sind, um ein umfassenderes – und wirklichkeitsgetreueres – Bild des angeblichen Mißstandes zu vermitteln.«[43]

Die genannten Kriterien sind nicht geeignet, die Minderheit hinreichend vor einer Verkürzung ihres Einsetzungsrechts zu schützen.
Bedenklich ist die Auffassung des Bundesverfassungsgerichts, eine Änderung sei zulässig, wenn dadurch ein »umfassenderes und wirklichkeitsgetreueres Bild« vermittelt werde. Damit wird die (politisch gefärbte) Wahrheit(sfindung) der Minderheitsbefugnis, nur einen Teilkomplex als Untersuchungsgegenstand zu bestimmen, übergeordnet. Die Mehrheit wird immer meinen, daß durch ihre Erweiterungen ein »wirklichkeitsgetreueres Bild« entsteht, zumal dann, wenn die Mehrheit den von der Opposition behaupteten Mißstand gar nicht als solchen betrachtet.

---

41 BVerfGE 49, 70 (86 f.); BayVerfGH 30, 48 (49); *Hempfer* (Fn. 36), S. 296.
42 RGZ 116, Anh. 45 (54); BVerfGE 49, 70 (88); BayVerfGH 30, 48 (61).
43 BVerfGE 49, 70 (88).

Die genannten Kriterien für die Zulässigkeit stellen das Einsetzungsrecht der Minderheit zur Disposition der gerade zu kontrollierenden Regierung(smehrheit). Die Mehrheit sollte, wie es § 3 Abs. 2 UAG Bad.-Württ. vorsieht, grundsätzlich keine Möglichkeit haben, den Einsetzungsantrag der Minderheit gegen deren Willen zu erweitern[44].

3. *Bindung der Mehrheit an Beweisgebote im Einsetzungsantrag der Minderheit*

Die Frage, ob das Plenum an Beweisgebote im Minderheitsantrag gebunden ist, betrifft das Recht der Minderheit, den Untersuchungsgegenstand zu bestimmen. Sie gehört nicht in den Zusammenhang der – verfassungsrechtlich nicht geregelten – Frage des Beweisantragsrechts der Minderheit im Untersuchungsausschuß. Es handelt sich also »um eine Bestimmung des Inhalts der Verfassungsnorm, nicht um eine rechtspolitische Erwägung«.[45] Diesen Ausgangspunkt berücksichtigt die Mehrheit des BayVerfGHs nicht, wenn sie mehrfach anklingen läßt, die Bindung an Beweiserhebungsgebote sei allenfalls durch Rechtsänderung einzuführen[46] und die Frage damit der rechtspolitischen Diskussion unterstellt. Dabei erkennt sie zwar, daß eine solche rechtspolitische Diskussion nicht für die Rechte der Minderheit bei Beschlußfassung im Plenum, sondern für die Rechte der Minderheit im bereits konstituierten Ausschuß selbst geführt wird[47], doch diese Erkenntnis bleibt folgenlos mit der Konsequenz, daß die Frage der *Bindung an Beweisgebote im Einsetzungsantrag* unter Rekurs auf die Beweiserhebungsrechte der Minderheit *im Verfahren* negativ entschieden wird[48].

Zu dieser entscheidenden Verkürzung des verfassungsrechtlich festgelegten Minderheitsrechts – nämlich auch durch Beweisgebote den Untersuchungsgegenstand zu bestimmen – dürfte allerdings nicht nur dieser Ansatz beigetragen haben, sondern auch die Einschätzung, daß »Untersu-

---

44 So auch *Troßmann*, Parlamentsrecht des deutschen Bundestages, 1977, § 63 GO-BT, Rdnr. 12.2; *Freihöfer*, Der parlamentarische Geschäftsgang bei Einsetzung von Untersuchungsausschüssen, Diss. Göttingen 1956, S. 51, 54.
45 Sondervotum BayVerfGH, BayVBl. 1981, 753 (754).
46 BayVerfGH, BayVBl. 1981, 593 (594).
47 Ebenda, 595 f.; vgl. Sondervotum BayVerfGH, BayVBl. 1981, 753 (754).
48 BayVerfGH, BayVBl. 1981, 593 (Leitsatz 1): »Dagegen erstreckt sich das Minderheitsrecht nicht auf das Verfahren im einzelnen, umfaßt daher nicht die Beweiserhebung als solche.«

chungsausschüsse nicht lediglich ein Instrument der Opposition, sondern ein solches des Gesamtparlaments sind.«[49]

Indem das Sondervotum dagegen explizit auf die »mit Einführung der parlamentarischen Demokratie eingetretene Gewichtsverlagerung auf das politische Spannungsverhältnis zwischen der Regierung und den sie tragenden Parlamentsfraktionen einerseits und der Opposition andererseits« und somit auf die Rolle der Opposition im Untersuchungsrecht rekurriert, kommt es zum gegenteiligen Ergebnis: Die Verfassung wolle für »eine effektive Gewährleistung verfassungsrechtlicher Positionen sorgen«, und für eine solche »effektive Wahrnehmung des Kontrollrechts« müsse die Minderheit im Plenum mit der Einsetzung des Untersuchungsausschusses auch Beweiserhebungsgebote durchsetzen können.[50]

II. *Das Minderheitsrecht während des Untersuchungsverfahrens*

1. *Problemskizze*

Im Grundgesetz und in den meisten Länderverfassungen erstreckt sich das Minderheitsrecht nur auf die Einsetzung des Untersuchungsausschusses, nicht aber auf das Untersuchungsverfahren, insbesondere nicht auf die Beweiserhebung. Die Minderheit entscheidet also nur über das »Ob«, nicht über das »Wie« der Untersuchung.[51] Die Mehrheit ist »Herr« des Untersuchungsverfahrens, denn es gilt der ›Normalfall‹ der demokratischen Mehrheitsentscheidung. Das hat – da die Mehrheitsverhältnisse im Untersuchungsausschuß die des Parlaments widerspiegeln – zur Folge, daß die Vertreter der (Regierungs-)Mehrheit im Untersuchungsausschuß die gegen sie gerichtete Untersuchung in ihrem Sinne steuern können. Unverständlich ist, warum der Vorschlag, die Mehrheitsverhältnisse im Untersuchungsausschuß so zu verändern, daß die Opposition hier die Mehrheit stellt, nur vereinzelt diskutiert wird.[52]

---

49 BayVerfGH, BayVBl. 1981, 593 (596).
50 Sondervotum BayVerfGH, BayVBl. 1981, 753 (754).
51 Sie kann den »Stein ins Rollen bringen«, ihn aber nicht »im Rollen halten«, *Partsch*, Verhandlungen des 45. DJT, Bd. I (Gutachten), Teil 3, S. 198.
52 Dieser Vorschlag ausdrücklich nur *Möller*, Diskussionsbeitrag, ZParl 1974, S. 528.

2. Das Beweisantragsrecht der Minderheit

Der Konflikt zwischen allgemeinem parlamentarischen Mehrheitsprinzip und verfassungsrechtlich festgelegtem Minderheitsrecht im Untersuchungsrecht ist durch die Erweiterung des Minderheitsrechts auf das Beweiserhebungsverfahren zu lösen.

Diese Forderung muß hinsichtlich der Frage, welche Minderheit – die »Antragsteller« oder eine Minderheit im Untersuchungsausschuß – das Beweisantragsrecht haben soll, konkretisiert werden. Mit »Antragsteller« im Art. 34 Abs. 1 Satz 2 WRV waren nur »die Unterzeichner des Antrags, nicht aber der dem Untersuchungsausschuß angehörende Teil der Unterzeichner« gemeint.[53] Eine Regelung wie Art. 34 Abs. 1 Satz 2 WRV ist aber nicht ausreichend, schon weil ein Zurückkehren ins Plenum aus Zeitgründen unpraktikabel ist. Effektiv ist das Minderheitsrecht bei der Beweiserhebung nur, wenn die Vertreter der antragstellenden Minderheit *im Untersuchungsausschuß* einen Beweisantrag durchsetzen können.

Davon gehen heute die Mehrheit in der Literatur[54], viele Untersuchungsausschußgesetze der Länder und einige Reformvorschläge aus. Meist wird neben dem Antragsrecht der Antragsteller[55] einer beliebigen[56] oder einer qualifizierten Minderheit im Untersuchungsausschuß[57] (manchmal mit besonderer Hervorhebung der Vertreter der Antragsteller im Untersuchungsausschuß[58]) das Beweisantragsrecht gegeben.

Abgelehnt wird ein Beweisantragsrecht nur vereinzelt.[59] »Weder ... aus dem Wesen der Untersuchungsausschüsse ... (noch) aus den Grundsätzen des Minderheitsschutzes ergibt sich zwingend eine verfassungskonforme Auslegung ... in dieser Richtung. Sie folgt auch nicht aus dem

---

53 *Anschütz*, Die Verfassung des Deutschen Reiches, Nachdruck der 14. Aufl. (1933), 1960, S. 218; *Lammers* (Fn. 21), S. 454 (469).
54 *Jekewitz*, Neue Erfahrungen mit dem Recht parlamentarischer Untersuchungsausschüsse, Schriftenreihe des Walther-Schücking-Kollegs, Heft 6, 1986, S.21; Sondervotum BayVerfGH, BayVBl. 1981, 753 (754).
55 Art. 11 Abs. 2 Nds. Verf.; Art. 35 Abs. 2 Bad.-Württ. Verf.; Art. 92 Satz 2 Hess. Verf.; Art. 41 Abs. 1 Satz 2 Verf. NRW.
56 § 14 Abs. 2 Musterentwurf der Präsidenten der deutschen Länderparlamente (1972), abgedruckt in: ZParl 1972, 427; § 5 Abs. 1 Muster-GO des nds. Landtages für Untersuchungsausschüsse (1983); Endbericht der Enquête-Kommission Verfassungsreform, BT-Drucks. 7/5924, S. 51.
57 § 13 Abs. 2 UAG Bad.-Württ.; § 47 Abs. 2 Gesetz über den Landtag des Saarlandes; § 77 Abs. 2 GO Hamburger Bürgerschaft; Art. 25 Abs. 1 Satz 2 Hamburger Verf.; § 12 Abs. 2 IPA-Regeln.
58 § 10 Abs. 2 UAG Berlin.
59 *v. Heydebreck*, Verhandlungen des 45. DJT, Bd. II, Teil E, S. 68 f.

Demokratie- oder Rechtsstaatsprinzip als höherrangigen Verfassungsgrundsätzen.«[60]

Die Befürwortung des Beweisantragsrechts wird teilweise schon aus Art. 44 GG (und den entsprechenden Artikeln der Länderverfassungen) durch verfassungskonforme bzw. teleologische Auslegung abgeleitet: Das Minderheitsrecht auf Einsetzung eines Untersuchungsausschusses habe nur Sinn und Zweck, so wird überzeugend dargelegt, wenn dieses Recht auch die Befugnis umfasse, den Inhalt eines Beweisantrages zu bestimmen und die Beweismittel zu benennen[61].

Nach überwiegender Meinung ergibt sich das Beweiserhebungsrecht der Minderheit nicht schon aus Art. 44 GG[62]; deswegen sei eine gesetzliche Regelung erforderlich. Die Notwendigkeit eines Beweiserhebungsrechts der Minderheit wird mit der »Logik des parlamentarischen Systems«[63] und der Bedeutung der Opposition in der parlamentarischen Demokratie begründet.

Die Rolle der Opposition in der parlamentarischen Demokratie nimmt das Bundesverfassungsgericht dem Sinn nach zum Ausgangspunkt, wenn es mehrfach die Notwendigkeit einer Verfassungskonkretisierung betont, welche die reale Wirksamkeit parlamentarischer Kontrolle sichert[64], und folglich dazu gelangt, daß das Recht der Minderheit nicht nur die abstrakte Untersuchungskompetenz, sondern die Beweiserhebung »als selbstverständlichen Bestandteil«[65] umfaßt. Damit hat das Bundesverfassungsgericht »das Recht des GG zum parlamentarischen Regierungssystem im Ergebnis wieder in einem modernen, nämlich Oppositionschancen-Schutz verwirklichenden Sinne vervollständigt.«[66]

Begrenzt wird das Beweisantragsrecht der Minderheit dadurch, daß nur Beweisanträgen stattzugeben ist, die sich im Rahmen des Untersuchungsauftrags halten und das Verfahren nicht wesentlich verzögern.[67] Um das Beweisantragsrecht hiermit nicht dem Ermessen der Ausschußmehrheit

---

60 BayVerfGH, BayVBl. 1981, 593 (2. Leitsatz); unsere gegenteilige Auffassung vgl. Punkt B II.
61 *Vogel*, Der Untersuchungsausschuß: Fehlende Befugnisse oder Fehleinschätzung?, ZParl 1974, S. 503 (509)
62 *Rechenberg*, in: BK (Zweitbearbeitung), Nov. 1977, Art. 44, Rdnr. 34 m.w.N.; BayVerfGH, BayVBl. 1981, 593 (595); Beschluß des 45. DJT, Bd. II, Teil E, S. 159.
63 Endbericht der Enquête-Kommission Verfassungsreform, BT-Drucks. 7/5924, S. 54.
64 BVerfGE 67, 100 (130).
65 *Bogs*, Steuerakten vorlage für parlamentarische Untersuchungsausschüsse, JZ 1985, S. 112 (117), bezugnehmend auf BVerfGE 67, 100, (127 f., 132).
66 Ebenda, S. 112 (117).
67 RGZ 104, 423 (431); § 12 Abs. 2 IPA-Regeln.

auszusetzen, ist eine Begründungspflicht der Mehrheit bei der Ablehnung eines Beweisantrags zu fordern und eine Vermutung für die »Beweiserheblichkeit« des Antrags anzunehmen.

3. Das Beweisdurchsetzungsrecht der Minderheit

Gemäß § 12 Absatz 2 IPA-Regeln und der entsprechenden Regelungen der Untersuchungsausschuß-Gesetze der Länder gilt ein Beweisantrag der Minderheit zwar als beschlossen; dies heißt aber noch nicht, daß er damit auch exekutiert wird. Um das Beweisantragsrecht der Minderheit wirklich effektiv auszugestalten, muß die Minderheit – wenn die Mehrheit sich weigert, den Beweisantrag durchzusetzen – die Möglichkeit haben, sich entweder an die Gerichte (a) oder an das Plenum (b) als »Befugnisinstanz«[68] zu wenden.

(a) Gerichtlicher Rechtsschutz wurde vom OLG Köln verneint: Die Beschwerde sei weder von den (Oppositions-)Fraktionen[69] noch von den »Fraktionen im Untersuchungsausschuß«[70] zulässig. Zwar hätten beide gemäß § 12 Abs. 2 IPA-Regeln – die Fraktionen, wenn sie Antragsteller sind, und die »Fraktionen im Untersuchungsausschuß«, sofern sie ein Viertel der Ausschußmitglieder stellen – ein Beweisantragsrecht; dieses Recht bestehe aber nur gegenüber dem Untersuchungsausschuß. Im Außenverhältnis zu den Gerichten begründe es keine eigene Aktivlegitimation.[71]

Damit ist ein Antragsrecht der Minderheit zwar anerkannt, die Möglichkeit der Erzwingung des Beweises fehlt aber mangels Rechtsschutz. Das OLG Köln kann für sich in »Anspruch nehmen, für das parlamentarische Untersuchungsrecht den feinen Unterschied zwischen Bestehen eines Rechts und seiner Durchsetzung eingeführt zu haben.«[72]

Sicher ist die fehlende gesetzliche Regelung mitursächlich[73] für die aus diesen Urteilen folgende Unvereinbarkeit der prozessualen Situation hin-

---

68 *Ehmke*, Verhandlungen des 45. DJT, Bd. II, Teil E, S. 125.
69 OLG Köln, NStZ 1986, 88; im Gegensatz dazu BVerfGE 67, 100 (123 ff.).
70 OLG Köln, NStZ 1986, 90; ebenso BVerfGE 67, 100 (123 ff.).
71 OLG Köln, NStZ 1986, 88 (89 f.); OLG Köln, NStZ 1986, 90.
72 *Jekewitz*, Anm. zu OLG Köln, NStZ 1986, 91.
73 *Schröder* (Fn. 33), S. 385: »Nicht die Mehrheit verletzt den Minderheitsschutz, wenn sie kein Rechtsmittel einlegt, sondern der reformunwillige und unfähige Gesetzgeber, der der Minderheit keinen angemessenen Rechtsschutz zur Verfügung stellt.«

sichtlich der Beweisdurchsetzung mit der im Flick-Urteil des Bundesverfassungsgerichts angedeuteten Tragweite des Minderheitsrechts[74], doch auch bei der bestehenden Rechtslage wäre eine minderheitsfreundlichere Entscheidung möglich gewesen:
In einem ähnlichen Fall entschied der niedersächsische StGH[75], daß sich das Beweiserhebungsrecht der Minderheit gemäß Art. 11 Abs. 2 Satz 1 Nds. Verf. auf Maßnahmen zur Durchführung dieses Rechts, z.B. auf den Zeugniszwang, erstrecke, also ein Beweisdurchsetzungsrecht umfasse. Allerdings bleibt auch hier vom Beweisdurchsetzungsrecht wenig übrig, da, so der nds. StGH, die Minderheit nur einen verfassungsmäßig geschützten Anspruch auf »willkürfreie« Rechtsentscheidung habe. Damit bleibt die Beweiserhebung in den Grenzen des Willkürverbots Sache der Ausschußmehrheit.

(b) Die Möglichkeit der Minderheit, bei Meinungsverschiedenheiten im Untersuchungsausschuß über die Erhebung und Durchführung von Beweisen einen Parlamentsbeschluß zu verlangen, wurde vom nds. StGH abgelehnt, weil das Beweiserhebungsrecht der Minderheit sich ausschließlich gegen den Untersuchungsausschuß und nicht (auch) gegen den Landtag richte.[76] Diese Entscheidung entspricht der verfassungsrechtlichen Situation in Niedersachsen.
Die Rechtslage mag anders sein, wenn positiv-rechtlich festgelegt ist, daß der Untersuchungsausschuß alle Beweise erhebt, die vom Plenum besonders bezeichnet sind. Doch es erscheint zweckmäßig – obwohl die Minderheit von der Plenumsmehrheit wegen deren politischer Identität mit der Ausschußmehrheit wenig Hilfe erwarten kann – das Plenum als »Berufungsinstanz« im Sinne einer Stärkung des »Gegengewichts der Publizität«[77] zuzulassen.

4. *Nachträgliche Veränderung des Untersuchungsthemas*

Grundsätzlich sollte eine Änderung des Themas durch Antrag beim Plenum möglich sein, um wichtige, während des Untersuchungsverfahrens auftauchende Fragen untersuchen zu können.

---

74 Vgl. *Jekewitz* (Fn. 72), S. 90 (91).
75 Nds. StGH, NVwZ 1986, 827.
76 Nds. StGH, NVwZ 1986, 829 (Leitsatz).
77 Vgl. *Max Weber* (Fn. 8), S. 359.

Da bei der nachträglichen Änderung des Untersuchungsthemas das Recht der Minderheit, den Untersuchungsgegenstand zu bestimmen, genauso verletzt werden kann wie bei der Einsetzung des Untersuchungsausschusses, darf eine Änderung nur unter den gleichen strengen Bedingungen erfolgen. Eine nachträgliche Änderung sollte nur auf Antrag der Vertreter der Einsetzungsminderheit im Untersuchungsausschuß möglich sein[78], oder die Antragsteller müßten der Änderung im Plenum widersprechen können.[79]

5. *Rolle des Vorsitzenden*

Die Wahl des Vorsitzenden ist für die Minderheit von großer Bedeutung, weil dieser z.B. durch die Zurückweisung von nicht zum Thema gehörenden Fragen[80] Schwerpunkte setzen und damit die Untersuchung inhaltlich lenken kann.
Die Interpretation des Untersuchungsthemas muß als adäquate Fortführung des Minderheitsrechts auf Bestimmung des Untersuchungsgegenstandes in den Händen der Minderheit liegen. Da die Zurückweisung von nicht zum Thema gehörenden Fragen ein Interpretationsproblem ist, muß sie der Ausschußminderheit zustehen. Folglich muß der Vorsitzende ein Abgeordneter der Antragsteller sein.[81]

III. *Das Minderheitsrecht bei Beendigung des Untersuchungsverfahrens*

Bei Gefährdung eines gerichtlichen oder Ermittlungsverfahrens können der Untersuchungsausschuß oder das Parlament den Ausschuß auflösen oder aussetzen.[82] Damit das Recht der Minderheit auf Einsetzung eines

---

78 *Linck*, Ausbau der Minderheitenposition im Recht der Untersuchungsausschüsse, ZParl 1972, S. 470 (474).
79 *H.-P. Schneider*, AK-GG II, Art. 44, Rdnr. 19.
80 Z.B. § 17 Abs. 1 IPA-Regeln; Art. 15 Abs. 2 UAG Bayern; § 15 Abs. 3 UAG Berlin.
81 Ausdrücklich diesen Vorschlag ablehnend: Empfehlungen der Präsidenten der deutschen Länderparlamente zur Regelung des Verfahrens von parlamentarischen Untersuchungsausschüssen, abgedruckt in: ZParl 1972, S. 433 (434); *Partsch* (Fn. 51), S. 57. Anders auch folgende gesetzliche Regelungen und Gesetzentwürfe: § 3 IPA-Regeln; § 3 Abs. 1 UAG Berlin; § 60 Gesetz über den Landtag des Saarlandes; Musterentwurf (Fn. 56), S. 434; § 57 GO-BT.
82 § 22 Abs. 1 IPA-Regeln; *Schleich* (Fn. 23), S. 87.

Untersuchungsausschusses nicht leerläuft, ist eine Auflösung nicht zulässig, wenn ein Viertel der Parlamentarier dagegen stimmt.[83]

Die Materialisierung des Minderheitsrechts darf bei der Feststellung der Untersuchungsergebnisse nicht Halt machen, weil der Zweck des Minderheitsrechts, die Öffentlichkeit zu informieren, zunichte gemacht werden könnte, wenn die Ansichten der Minderheit nicht zur Kenntnis des Plenums gelangen. Deswegen muß, bei Uneinigkeit über den Endbericht, die Auffassung der Minderheit im Untersuchungsbericht aufgenommen oder dem Plenum in einem besonderen Bericht zugänglich gemacht werden.[84] Darüberhinaus ist es im Sinne einer Effektivierung des Minderheitsrechts geboten, daß die Minderheit einen eigenen Berichterstatter benennen[85], Änderungs- und Zusatzanträge stellen[86] und eine eigene Beschlußempfehlung vorbereiten kann[87].

D. *Schlußbemerkung*

Die Rechtsprechung tendiert dahin, das Minderheitsrecht im Untersuchungsrecht restriktiv auszulegen. Gezeigt wurde dies an der »großzügigen« Handhabung der Ablehnungsgründe für die Verfassungswidrigkeit eines Antrages, der Ablehnung einer Begründungspflicht, der Verneinung der Bindung der Mehrheit an Beweisgebote im Einsetzungsantrag, an der Befürwortung eines Konkretisierungsrechts und der Zulässigkeit der Teilablehnung.

Diese enge Auslegung des Minderheitsrechts ist darauf zurückführbar, daß die Rechtsprechung an dem Verständnis des Untersuchungsrechts als Instrument des Gesamtparlaments festhält und daß das Minderheitsrecht nicht konsequent als Oppositionsrecht verstanden wird. Dahinter steht möglicherweise die Befürchtung, der Ausbau des Minderheitsrechts führe

---

83 § 22 Abs. 1 IPA-Regeln; Endbericht der Enquêtekommission (Fn. 63), S. 51; *Schleich* (Fn. 23), S. 87. Einen stärkeren Schutz böte das Erfordernis der Zustimmung der antragstellenden Minderheit zur Auflösung des Untersuchungsausschusses: *Troßmann* (Fn. 44), § 63 Rdnr. 13; § 24 Musterentwurf (Fn. 56); § 22 UAG Bad.-Württ.
84 § 23 IPA-Regeln; § 23 UAG Bad.-Württ.
85 *Jekewitz* (Fn. 54), S. 34.
86 *Partsch* (Fn. 51), S. 34 f.
87 *Linck* (Fn. 78), S. 477.

zu einer »Minderheitsherrschaft«, die das parlamentarische Mehrheitsprinzip unterhöhlt.[88]

Die Forderung nach ›Materialisierung‹ des Minderheitsrechts berührt aber die Geltung des Mehrheitsprinzips nur bei der Wahrnehmung der Kontrollfunktion des Parlaments. Bei allen anderen Funktionen – Wahlen, Gesetzgebung, Planung, Öffentlichkeit – gilt weiterhin uneingeschränkt das Mehrheitsprinzip. In den Kontrollausschüssen, die nur kontrollieren, nichts positiv bewirken oder verändern, muß die Minderheit herrschen. »Es spricht nichts dagegen, die Mehrheit wird in ihrer politischen Gestaltungsfähigkeit und -freiheit keineswegs eingeschränkt.«[89]

---

88 *Partsch* (Fn. 51), S. 60.
89 *H.-P. Schneider*, in: »DER SPIEGEL« 43/1985, S. 48.

Ulrich Bachmann

Befugnis der (Einsetzungs-)Minderheit zur nachträglichen Änderung des Untersuchungsgegenstandes bei Minderheitsenquêten

Die Frage, ob die *Mehrheit* im Parlament befugt ist, auf einen von einer Minderheit festgelegten Untersuchungsgegenstand durch Zusatz- oder Änderungsanträge Einfluß zu nehmen, ist verschiedentlich Gegenstand der parlamentarischen Praxis[1] und auch verfassungsgerichtlicher Entscheidungen[2] gewesen. Einige Bundesländer haben sie – mit im Detail unterschiedlichen Akzentuierungen – geregelt. Für den Bundestag sind insoweit § 2 Abs. 4 Sätze 2 und 3 der IPA-Regeln (BT-Drs. V/4209) einschlägig.[3] Das Bundesverfassungsgericht hat eine Befugnis der Mehrheit zur Erweiterung des Untersuchungsgegenstandes nur innerhalb sehr enger Grenzen angenommen.[4] Danach seien Zusatzfragen gegen den Willen der antragstellenden Minderheit nur dann zulässig, »wenn sie nötig sind, um ein umfassenderes – und wirklichkeitsgetreueres – Bild des angeblichen Mißstandes zu vermitteln. Auch dann müssen sie jedoch denselben Untersuchungsgegenstand betreffen und diesen im Kern unverändert lassen.«[5]

Die umgekehrte Frage, ob die *Minderheit* mit Hilfe des Minderheitenquorums befugt ist, den von ihr selbst festgelegten Untersuchungsgegenstand gegebenenfalls sogar nach Einsetzung des Untersuchungsausschusses und Aufnahme seiner Tätigkeit zu modifizieren, ist bisher nicht aus-

---

1 Vgl. etwa die Übersicht bei *Partsch*, Verhandlungen des 45. Deutschen Juristentages (1964), Bd. I (Gutachten), Teil 3, S. 38 ff.
2 Staatsgerichtshof für das Deutsche Reich, Entscheidung vom 18. Juni 1927, RGZ Bd. 116, Anhang S. 45 ff.; OVG Lüneburg, Urteil vom 26. April 1954, OVGE 7, 489 ff.; BayVerfGH, Entscheidung vom 27. Juni 1977, BayVBl. 1977, 597 ff.; BVerfG, Beschluß vom 2. August 1978, BVerfGE 49, 70 ff.
3 Die gegenwärtig in den Beratungen des Bundestages befindlichen Gesetzentwürfe Drucks. 11/1896 und Drucks. 11/2025 (abgedruckt im Anhang) enthalten entsprechende Regelungen in § 3 Abs. 2 bzw. in § 3.
4 BVerfGE 49, 70 (84 ff.).
5 BVerfGE 49, 70 (88).

drücklich geregelt und auch noch nicht gerichtlich entschieden worden. Sie hat allerdings erst kürzlich zu einer heftigen Kontroverse im Deutschen Bundestag geführt. Die SPD-Fraktion (als einsetzende Minderheit) brachte nämlich am 20. Januar 1988 einen Antrag auf »Konkretisierung und Erweiterung des Untersuchungsgegenstandes des 1. Untersuchungsausschusses« (BT-Drs. 11/1684 (neu)) ein, aufgrund dessen der Untersuchungsauftrag des sog. U-Boot-Ausschusses in vierfacher Weise geändert werden sollte:
- Beschränkung auf die Kontrolle von *Bundes*organen,
- Streichung des Begriffs »rechtswidrig« im Zusammenhang mit Waffenlieferungen,
- namentliche Nennung der von der Untersuchung betroffenen Unternehmen,
- Erweiterung des Untersuchungsauftrages um die Aufgabe, Empfehlungen an Parlament und Bundesregierung zu erarbeiten.

Dieser Antrag wurde vom Bundestag in seiner Sitzung am 4. Februar 1988 gegen die Stimmen von SPD und Grünen mehrheitlich abgelehnt.[6] Daraufhin erbat der Parlamentarische Geschäftsführer der SPD-Fraktion im Deutschen Bundestag, der Abgeordnete Gerhard *Jahn*, mit Schreiben vom 18. Februar 1988 im Namen seiner Fraktion vom Präsidenten des Deutschen Bundestages die Feststellung, daß der Untersuchungsgegenstand des 1. Untersuchungsausschusses gemäß dem Inhalt der Drs. 11/1684 (neu) geändert sei, da das Minderheitsquorum des Art. 44 Abs. 1 GG erreicht worden sei. Mit Antwortschreiben vom 2. März 1988 teilte der Bundestagspräsident dem Abg. *Jahn* unter Hinweis auf eine Ausarbeitung der Wissenschaftlichen Dienste des Bundestages[7] mit, daß er sich aus Rechtsgründen zu der begehrten Feststellung nicht in der Lage sehe; eine Änderung des Untersuchungsgegenstandes sei nicht eingetreten, da der Bundestag sie mit Mehrheit abgelehnt habe.

Der Fall gibt Anlaß zur Erörterung der Frage, ob die einsetzende Minderheit nachträglich eine Änderung des Untersuchungsauftrages mit Hilfe des Minderheitenquorums durchsetzen kann.

---

6 Deutscher Bundestag, 11. WP., 58. Sitzung, Plen. Prot. S. 4048(A).
7 WFX – G 20/88 vom 24. Februar 1988.

I.

Die Frage ist weder auf Bundes- noch auf Länderebene ausdrücklich geregelt.

§ 2 Abs. 4 Sätze 2 und 3 der IPA-Regeln[8], der die Erweiterungsbefugnis der Mehrheit behandelt, gibt für die Beantwortung der Frage ebensowenig her wie die ähnlich lautenden Länderbestimmungen. Denn diese Bestimmungen können als minderheitsschützende Regelungen nur Rechte der Mehrheit, nicht hingegen Rechte der Minderheit begrenzen.

Auch § 2 Abs. 5 der IPA-Regeln[9] steht der Konkretisierungsbefugnis der Minderheit nicht entgegen. Denn er will verhindern, daß der Untersuchungsausschuß in seiner Gesamtheit eigenmächtig von der »Bevollmächtigung« durch das Plenum abweicht, also durch Mehrheitsbeschluß ohne Einschaltung des Plenums eine Erweiterung des Untersuchungsgegenstandes vornimmt. Da diese Regelung allein das Verhältnis zwischen Untersuchungsausschuß und Plenum regelt, kann sie Befugnisse der Minderheit nicht begrenzen.

II.

1. Die Frage ist sinnvoll nur aus der Zielsetzung des Untersuchungsrechts und damit aus Sinn und Zweck des Minderheitsrechts des Art. 44 Abs. 1 GG zu beantworten. Denn das Recht auf Einsetzung eines parlamentarischen Untersuchungsausschusses ist in der parlamentarischen Demokratie, in der die Regierung von der Parlamentsmehrheit getragen wird, vornehmlich zu einem Kontrollrecht der regelmäßig in der Minderheit stehenden Opposition geworden.[10]

---

8 § 2 Abs. 4 Sätze 2 und 3 der IPA-Regeln (BT-Drucks. V/4209) lauten:
Der in einem Einsetzungsantrag benannte Untersuchungsgegenstand kann gegen den Willen der Antragsteller durch Beschluß des Bundestages nur konkretisiert oder erweitert werden, wenn
a) der Kern des Untersuchungsgegenstandes dabei unberührt bleibt und
b) dadurch keine wesentliche Verzögerung des Untersuchungsverfahrens zu erwarten ist.
Ein Antrag auf Konkretisierung oder Erweiterung, der den Erfordernissen der Buchstaben a und b nicht genügt, gilt nicht als Antrag auf Einsetzung eines weiteren Untersuchungsausschusses, es sei denn, daß er ausdrücklich als solcher bezeichnet ist.
9 § 2 Abs. 5 der IPA-Regeln lautet:
Der Untersuchungsausschuß ist an den ihm erteilten Auftrag gebunden. Kommt der Untersuchungsausschuß bei seinen Untersuchungen zu der Überzeugung, daß eine Erweiterung des Untersuchungsgegenstandes wegen des Sachzusammenhangs angebracht ist, so kann er einen entsprechenden Antrag an den Bundestag richten.
10 BVerfGE 49, 70 (86).

Aus den im Grundgesetz und in den Länderverfassungen anerkannten Rechten der Minderheit (als Opposition) auf Einsetzung eines Untersuchungsausschusses folgt die Befugnis, *grundsätzlich allein* dem Gegenstand der Untersuchung zu bestimmen. Dieses Recht der Minderheit begrenzt die Befugnis der Mehrheit, auf den Untersuchungsgegenstand Einfluß zu nehmen.[11]

Es gehört zur Logik des Kontrollrechts, daß sein Umfang im jeweiligen Einzelfall nicht schon von vornherein endgültig festgeschrieben werden kann, bevor es überhaupt wahrgenommen wird. Das Kontrollrecht muß auch solche Umstände und Erkenntnisse mitumfassen, die erst während der Untersuchung auftauchen, jedenfalls wenn evident ist, daß die antragstellende Minderheit sie in den Antrag einbezogen hätte, wenn sie ihr bekannt gewesen wären.

Zwar gebietet der Bestimmtheitsgrundsatz, daß der Untersuchungsauftrag hinreichend genau bestimmt ist, so daß das Untersuchungsthema ohne weiteres zu erkennen ist und die Untersuchung allein aufgrund des Antrags durchgeführt werden kann. Auch sind Generalermächtigungen nicht zulässig, da der Untersuchungsausschuß an den Auftrag des Plenums gebunden ist und auch nur innerhalb dessen Kompetenzbereich überhaupt tätig werden darf.

Das bedeutet jedoch nicht, daß der Untersuchungsauftrag unabänderlich ist. Es gibt kein Berücksichtigungsverbot von im Verlauf der Untersuchung gewonnenen Erkenntnissen. Diese können aber für den betreffenden Untersuchungsvorgang und -gegenstand von so großem Interesse sein, daß eine Nichtberücksichtigung die Untersuchung selbst bzw. ihre erfolgreiche Beendigung gefährden würde oder die Untersuchung angesichts der neu gewonnenen Erkenntnisse gar zur Farce geriete. Da der Untersuchungsausschuß eigenmächtig nicht von dem ihm erteilten Auftrag abweichen oder über ihn hinausgehen darf, muß sichergestellt sein, daß diese Erkenntnisse in den Untersuchungsvorgang mit einbezogen werden können. Dafür ist eine Änderung des Untersuchungsauftrages nötig. Da das Kontrollrecht bei Minderheitsenquêten in erster Linie von der Minderheit ausgeübt wird, muß diese die Änderung auch durchsetzen können.

Das gilt erst recht für den Fall, daß wegen bestimmter Formulierungen im Untersuchungsauftrag Verfahrenshindernisse drohen, etwa bei vorverurteilenden Formulierungen, die einen Beschlagnahmeantrag gefährden

---

11 BVerfGE 49, 70 (79).

könnten. Stellt sich erst später heraus, daß ein Untersuchungsauftrag im Grenzbereich zur Verfassungswidrigkeit liegt, besteht für das Plenum wie auch für die einsetzende Minderheit – dann auch gegen den Willen der Mehrheit – das Recht, den Untersuchungsauftrag »nachzubessern«, damit die Untersuchung effektiv fortgesetzt werden kann.

2. Diesem Ergebnis kann nicht entgegengehalten werden, daß sich das Minderheitsrecht mit der Einsetzung des Untersuchungsausschusses »verbraucht« habe.[12] Maßstab für den Umfang des Minderheitsrechts und die Frage seines »Verbrauchs« können allein die Effektivität und Funktionsfähigkeit des Kontrollrechts sein. Da die regierungsfreundliche Mehrheit in aller Regel wenig geneigt ist, das Kontrollrecht des Parlaments wahrzunehmen, muß das Untersuchungsrecht so ausgestaltet sein, daß es von der Minderheit möglichst ungehindert ausgeübt werden kann. Mit dem Recht auf Einsetzung des Untersuchungsausschusses allein ist das Kontrollrecht nicht gewährleistet. Seine ungehinderte Ausübung setzt weitere Sicherungen voraus.[13] Würde sich das verfassungsrechtlich verbürgte Einsetzungsrecht der Minderheit mit der beantragten Einsetzung des Untersuchungsausschusses erschöpfen, würde das Kontrollrecht nur von der Antragstellung bis zur Beschlußfassung über den Einsetzungsantrag umfassend gewährleistet sein, einem Zeitpunkt also, an dem die eigentliche Kontrolltätigkeit noch gar nicht begonnen hat. Angesichts des hohen Ranges, den das Kontrollrecht im grundgesetzlichen System der Gewaltenbalancierung und das im demokratischen Prinzip wurzelnde Minderheitsrecht als Oppositionsrecht haben[14], kann das Minderheitsrecht nicht auf ein Formalrecht zurückgestutzt werden, das sich erschöpft, sobald die Einsetzung des Kontrollgremiums erfolgt ist. Das Minderheitsrecht des Art. 44 Abs. 1 GG ist deshalb mit der Einsetzung des Untersuchungsausschusses nicht verbraucht. Es bleibt unlösbar mit seinem eigentlichen Sinn – der Wahrnehmung effektiver Kontrolle – verbunden und besteht insoweit fort, als diese über die bloße Einsetzung hinaus weitergehende Maßnahmen erfordert.

---

12 So aber die Ausarbeitung der Wissenschaftlichen Dienste des Deutschen Bundestages WFX – 9/88 vom 2. Februar 1988, S. 1 f.
13 BVerfGE 49, 70 (87).
14 BVerfGE 70, 324 (363).

3. Schließlich gebietet auch der Gesichtspunkt der Chancengleichheit zwischen Regierungsmehrheit und Opposition, daß die Einsetzungsminderheit den Untersuchungsauftrag nachträglich ändern darf. Denn während bei Mehrheitsenquêten die Mehrheit jederzeit nachträgliche Änderungen durchsetzen kann, wären Minderheitsenquêten im Endeffekt strengeren Voraussetzungen unterworfen, wenn die Minderheit nicht ebenfalls nachträgliche Änderungen durchsetzen könnte, sondern auf die Stimmen der Mehrheit angewiesen wäre.

Das Prinzip der Chancengleichheit zwischen Regierungsmehrheit und Oppositionsminderheit – als Prinzip gleicher Startbedingungen – kommt in der von der Mehrheitsregel geprägten demokratischen Ordnung des Parlaments gerade dann zu voller Geltung, wenn die Verfassung oder die Geschäftsordnung unterschiedliche Ausgangsbedingungen zwischen Mehrheit und Minderheit ausdrücklich verhindern will. Das ist namentlich dann der Fall, wenn die Minderheit mit eigenen Rechten ausgestattet ist. Hier gebietet das Prinzip der Chancengleichheit, daß die Voraussetzungen für die Inanspruchnahme dieser Rechte für Mehrheit wie Minderheit gleich sind. Der Entscheidungsmodus des Mehrheitsprinzips ist dann auf solche Anträge beschränkt, mit denen die Mehrheit das ihr zustehende Recht in Anspruch nimmt. Nimmt dagegen die Minderheit das ihr verbürgte Recht wahr, tritt die Mehrheitsregel bei Anträgen, die der unmittelbaren Verwirklichung dieses Rechts dienen, zurück. Der Grundsatz der Chancengleichheit gewährleistet hier, daß Anträge, die auf die Geltendmachung eines der Mehrheit wie der Minderheit gleichermaßen zustehenden Rechts zielen, denselben Chancen ihrer Durchsetzung unterworfen sind. Er verdichtet sich zum Postulat der Waffengleichheit.

Das Prinzip der Chancengleichheit wirkt hier wegen der spezifischen Konfliktlage im Untersuchungsverfahren auch im Hinblick auf die Chance zu späterer Machtgewinnung. Die Opposition als eigentlicher Träger der Kontrolle der Regierung übt Kontrolle insofern gleichzeitig im eigenen Interesse aus, als sie sich durch die Wahrnehmung dieser Tätigkeit als Alternative zur Regierung und deren Parlamentsmehrheit darstellen kann. Dazu bedarf sie real gleicher Chancen wie die Regierungsmehrheit, die ihrerseits das Untersuchungsverfahren zur positiven Darstellung der Regierung bzw. zu Zwecken der Machterhaltung nutzen kann.

III.

1. Dagegen ist eine differenzierte Beurteilung danach, ob es sich bei einem Änderungsverlangen materiell um eine – unzulässige – Erweiterung oder um eine – unter bestimmten Voraussetzungen zulässige - Beschränkung oder Konkretisierung handelt,[15] für die Beantwortung der Frage ungeeignet.
Einerseits sind Änderungsbegehren nach diesen Kriterien nur in wenigen eindeutigen Fällen voneinander abgrenzbar. Zum anderen kann es für die Frage der verfassungsmäßigen Zulässigkeit nicht darauf ankommen, ob ein Änderungsbegehren einen Untersuchungsgegenstand erweitert, konkretisiert oder einschränkt. Denn Maßstab für die Zulässigkeit kann - wie erörtert – allein die *ungehinderte* Ausübung des Kontrollrechts sein. Behinderungen können aber unter Umständen nicht nur – wegen der Möglichkeit der Verzögerung oder Blockierung der Untersuchung – in einer Ausdehnung des Untersuchungsgegenstandes liegen, sondern genauso in einer Beschränkung. Dies wird etwa bei einer Untersuchung deutlich, in deren Verlauf sich herausstellt, daß auch die Partei oder Fraktion der einsetzenden Minderheit (oder einzelne ihr angehörende Abgeordnete) in die untersuchten Vorgänge verwickelt war. Hier würde nämlich eine dem politischen Interesse der Einsetzungsminderheit entsprechende Eingrenzung – nicht eine Erweiterung – des Untersuchungsgegenstandes die Untersuchung gefährden. In einem so gelagerten Fall wäre ein Eingrenzungsbegehren nicht mehr vom Minderheitsrecht gedeckt, weil es die ungehinderte Ausübung des Kontrollrechts des Untersuchungsausschusses – nunmehr in erster Linie von der Mehrheit wahrgenommen – in Frage stellen würde. Umgekehrt führt nicht jede Erweiterung zu einer Verzögerung oder Behinderung der Ausschußarbeit.

2. Ebensowenig kann es darauf ankommen, ob der ursprüngliche Untersuchungsauftrag verfassungswidrig ist oder nicht. Eine Nachbesserungs*pflicht* bei verfassungswidrigen Untersuchungsaufträgen könnte sich zwar aus der im Rechtsstaatsprinzip wurzelnden Pflicht des Bundestages – mithin auch der Minderheit – zur Herstellung einer verfassungsmäßigen Rechtslage ergeben, wenn die Verfassungswidrigkeit erkannt worden ist. Eine solche Pflicht würde allerdings der ratio des Minder-

---

15 So die Ausarbeitung der Wissenschaftlichen Dienste des Deutschen Bundestages WFX – 9/88 vom 2. Februar 1988.

heitsrechts widersprechen und wäre deshalb systemwidrig. Denn man kann nicht vom politischen Gegner verlangen, bei der Erarbeitung verfassungsrechtlich zulässiger Alternativanträge und -formulierungen mitzuwirken – um dadurch dem Einsetzungs- oder Änderungsantrag bzw. der Untersuchung zum Erfolg zu verhelfen –, die die Einsetzungsminderheit letztlich gegen ihn verwertet.[16]

Auch für die Minderheit wird man eine Pflicht zur Nachbesserung nicht annehmen können. Unabhängig davon hat sie allerdings das Recht dazu. Dies ergibt sich jedoch nicht aus der Pflicht zur Herstellung einer verfassungsmäßigen Rechtslage, sondern aus dem der Minderheit in die Hand gegebenen Kontrollrecht. Hätte die Minderheit das Recht zur nachträglichen Änderung nur bei verfassungswidrigen Einsetzungsanträgen, die nicht oder nicht in dieser Form hätten angenommen werden dürfen, würden letztlich solche verfassungswidrigen Anträge privilegiert. Die Möglichkeit der »Nachbesserung«, d.h. Korrektur der Verfassungswidrigkeit, kann sowohl von den Antragstellern als auch vom Plenum – dann aber nur, wenn dadurch sachlich die Erreichung des von der Minderheit zu bestimmenden Untersuchungsziels nicht gefährdet wird – wahrgenommen werden, wenn ohne diese Korrektur die Erfüllung des – an sich zulässigen – Untersuchungsauftrages ernsthaft gefährdet oder unmöglich würde. Daraus kann aber nicht geschlossen werden, daß die Änderungsbefugnis der Einsetzungsminderheit auf solche verfassungswidrigen Einsetzungsanträge beschränkt wäre.

3. Gegenüber der hohen Bedeutung des Kontrollrechts der Minderheit muß auch der Gesichtspunkt, daß durch den Einsetzungsbeschluß ein Vertrauenstatbestand geschaffen worden ist, auf den sich die Beteiligten verlassen und ihre Verfahrensstrategie einstellen können, zurücktreten.[17] Das Untersuchungsrecht hat sich zwar gerade wegen seiner Ausgestaltung als Minderheitsrecht zu einem politischen Kampfinstrument ersten Ranges entwickelt und gewinnt nicht zuletzt dadurch erst seine politische Relevanz. Das kann aber nicht notwendig zur Folge haben, daß das Kampfterrain vorher schon endgültig abgesteckt werden muß, damit die Opponenten darauf vertrauen dürfen, nur auf diesem Feld zu kämpfen.

---

16 So auch StGH Bad.-Württ., ESVGH 27, 1 (8); a.A. *H.-P. Schneider*, Anm. zu diesem Urteil, JA 1977, 411.
17 A.A. die Ausarbeitung der Wissenschaftlichen Dienste des Deutschen Bundestages WFX G 20/88 vom 24. Februar 1988, S. 8.

Das unter verfahrenstaktischen Gesichtspunkten verständliche Interesse an einer solchen Voraussehbarkeit und Kalkulierbarkeit im politischen Kampf findet seine Grenze in der Effektivität parlamentarischer Kontrolle und nicht umgekehrt.

IV.

Der nachträglichen Änderungsbefugnis der Minderheit bei Minderheitsenquêten kann schließlich auch nicht entgegengehalten werden, die Minderheit müsse »äußerstenfalls die Einsetzung eines weiteren Untersuchungsausschusses beantragen«.[18] Denn diese der Minderheit grundsätzlich zustehende Möglichkeit bestätigt geradezu das Recht auf nachträgliche Änderung, da die Einsetzung eines weiteren Untersuchungsausschusses zu einem weitgehend identischen Untersuchungsgegenstand eben nur »äußerstenfalls« in Betracht kommen kann – etwa zur Vermeidung eines die Untersuchung suspendierenden Organstreits. Denn mit der Einsetzung eines solchen zweiten Untersuchungsausschusses würde das Parlament in der Regel die ihm obliegende Pflicht zur Erhaltung seiner Arbeitsfähigkeit verletzen sowie personelle und materielle Ressourcen verschwenden. Sie stünde mit dem Gebot des rationellen Umgangs mit vorhandenen Kapazitäten im Widerspruch, das zu beachten dem Parlament genauso obliegt wie Teilen von ihm.

V.

Die Befugnis zur nachträglichen Änderung des Untersuchungsgegenstandes besteht jedoch nicht unbegrenzt. Ein einmal eingesetzter und arbeitender Untersuchungsausschuß ist als Instrument der parlamentarischen Kontrolle nicht der Disposition der Minderheit ausgesetzt. Die Minderheit darf – nicht anders als die Mehrheit – die Kontrolltätigkeit weder verzögern noch verhindern, wenn dadurch die Wirksamkeit parlamentarischer Kontrolle in Frage gestellt wird. Denn das Untersuchungsrecht ist der parlamentarischen Opposition nicht nur in ihrem eigenen Interesse, sondern in erster Linie im Interesse des demokratischen Staates, nämlich

---

18 Diese Formulierung von *H.-P. Schneider*, AK-GG, Art. 44, Rdnr. 12 wurde der SPD-Fraktion im eingangs skizzierten Fall entgegengehalten.

zur Kontrolle der von der Mehrheit gestützten Regierung und ihrer Exekutivorgane, in die Hand gegeben.[19] Die Änderungsbefugnis der Minderheit endet mithin dort, wo Änderungen die Wirksamkeit parlamentarischer Kontrolle in Frage zu stellen geeignet sind. Das ist – im Unterschied zur Inanspruchnahme der nämlichen Befugnis durch die Mehrheit – nicht schon automatisch dann der Fall, wenn die Änderung den Kern des Untersuchungsgegenstandes berührt oder das Verfahren wesentlich verzögert. Denn selbst solche weitgehenden Änderungen können im Einzelfall notwendig sein, um das Kontrollrecht umfassend und effektiv wahrzunehmen. Unzulässig sind solche Änderungen durch die Minderheit bei von ihr eingesetzten Enquêten erst dann, wenn die Änderung bei verständiger Würdigung offensichtlich eine Minderung oder gar Vereitelung des Kontrollerfolges bezweckt. Solche Fälle sind bei Minderheitsenquêten allerdings überhaupt nur dann denkbar, wenn sich die Untersuchung auch oder vor allem gegen die (Partei oder Vertreter der) Minderheit selbst bzw. eine von ihr gestützte (Vorgänger- oder Länder-)Regierung und deren Exekutivorgane oder jedenfalls gegen Organe oder Einrichtungen richtet, die in politischer Nähe zur Minderheit stehen oder ihrer Verantwortlichkeitssphäre zuzurechnen sind. Entsprechend begrenzt wäre die Änderungsbefugnis deshalb etwa bei Untersuchungen über Affären, in die auch die oder eine Oppositionspartei verwickelt war. In aller Regel wird eine Begrenzung der Änderungsbefugnis erst dann in Frage kommen, wenn sich erst im Verlauf des Untersuchungsverfahrens herausstellt, daß die Untersuchung auch Vorgänge betreffen könnte, deren Aufdeckung der einsetzenden Minderheit unangenehm wäre.[20]

VI.

Art. 44 Abs. 1 Satz 1 GG gewährleistet nach alledem das Recht der Einsetzungsminderheit, auch nachträglich den Untersuchungsauftrag zu erweitern, zu konkretisieren und/oder einzugrenzen, sofern nur dadurch das Recht zu effektiver Kontrolle umfassend ausgeübt werden kann. Die Änderung ist auf Antrag dann vorzunehmen, wenn ein Viertel der Mitglieder des Parlaments, die zugleich Antragsteller des ursprünglichen

---

19 BVerfGE 49, 70 (87).
20 Selbstverständlich besteht unabhängig davon die Änderungsbefugnis nur innerhalb der Grenzen des parlamentarischen Untersuchungsrechts.

Einsetzungsantrages waren, dies verlangen. Nicht erforderlich ist, daß sämtliche Antragsteller dieser Änderung zustimmen.[21] Das Plenum ist bei Vorliegen dieser Voraussetzungen zur entsprechenden Beschlußfassung verpflichtet, jedenfalls dann, wenn man wie die wohl überwiegende Meinung der Ansicht ist, daß schon für die Einsetzung des Untersuchungsausschusses ein förmlicher Plenarbeschluß nötig ist.[22]

---

21 Vgl. *Halbach*, Die Untersuchungsausschüsse des Bundestages, Diss. Köln o. J. (1957), S. 39 f.
22 Die Meinungen darüber gehen nach wie vor auseinander; vgl. statt vieler BK, Art. 44 (Zweitbearb.: Rechenberg), Rdnr. 6 (m.w.N.).

Hauke Jagau/Hartmut Wessels

Reform des Untersuchungsrechts – Anmerkungen zu einer anhaltenden Debatte

I. *Einleitung*

Die Reform des Rechts parlamentarischer Untersuchungsausschüsse ist ein Thema mit Tradition. Schon 1969 wurde beklagt, daß sie seit langem geboten sei.[1]
Dennoch ist es trotz zahlreicher Vorschläge und Initiativen bis heute nicht zu einer Reformierung gekommen. Ursache dafür ist sicherlich, daß seit langer Zeit das Grundverständnis des Instituts der parlamentarischen Untersuchung aufgrund stark differierender Funktionszuschreibung umstritten war. Während eine Auffassung dahin ging, das Verfahren weitgehend gerichtsähnlich auszugestalten, hat sich nunmehr wohl eine Reformrichtung durchgesetzt, die eine an der bisherigen Praxis der Untersuchungsausschüsse orientierte Fortentwicklung des Rechts vorschlägt. Als grundsätzlich anerkannt kann heute gelten, daß der Untersuchungsausschuß in erster Linie ein Instrument der politischen Auseinandersetzung zwischen Regierungspartei(en) und Oppositionsfraktion(en), also ein »politisches Kampfinstrument«, ist.[2] Diese Funktionsbeschreibung wird vor dem Hintergrund der historischen Entwicklung plastischer.
Von den Wurzeln des Enquêterechts her betrachtet, sind Untersuchungsausschüsse Instrumente des Mißtrauens der Legislative gegenüber der Exekutive.[3] Unter den Bedingungen der parlamentarischen Demokratie hat sich das Spannungsverhältnis grundlegend verschoben: Anstelle der Konfrontation von Regierung und Parlament ist nunmehr der Dualismus

---

1 Vgl. *Bücker*, Kontrollmittel ohne Bedeutung? Zur Reform der Untersuchungsausschüsse, in: Hübner/Oberreuter/Rausch (Hrsg.), Der Bundestag von innen gesehen, München 1969, S. 160 ff. (162).
2 *Bötsch*, Das Recht parlamentarischer Untersuchungsausschüsse, in: Festschrift für Schellknecht, Heidelberg 1984, S. 9 ff. (12, 13).
3 *Steffani*, Funktion und Kompetenz parlamentarischer Untersuchungsausschüsse, PVS 1960, S. 153 ff. (163).

zwischen dem Machtkartell Regierung/Parlament und der Opposition zum bestimmenden Merkmal von Untersuchungsverfahren geworden. Hat das Untersuchungsrecht in Form eines Minderheitsrechts, zu dem es auf Vorschlag *Max Webers* durch Art. 34 WRV erweitert worden war, seine ursprüngliche Funktion als Mittel zur Information des Parlaments und zur Kontrolle der Regierung auch unter diesen Bedingungen grundsätzlich bewahrt[4], so bedarf es zur Realisierung dieser Funktion über das Recht zur Einsetzung eines Untersuchungsausschusses (sog. Minderheitsenquête) hinaus jedoch »weiterer Sicherungen« zur ungehinderten Ausübung des Kontrollrechts durch die Minderheit.[5] Denn im parlamentarischen Regierungssystem hat die wenig zur Kontrolle der Regierung neigende Parlamentsmehrheit auch die Mehrheit im Untersuchungsausschuß.[6] Es geht also darum, der Minderheit so weit die Sachherrschaft über das Untersuchungsverfahren einzuräumen, wie es die Kontrollfunktion des Untersuchungsausschusses erfordert. Der Ausbau der Minderheitsrechte ist jedoch ein aus Mehrheits- wie Oppositionssicht gleichermaßen sensibles Thema, weil es dabei unmittelbar um politische Einfluß- und Darstellungsmöglichkeiten und damit um Macht geht. Dem vitalen Interesse der jeweiligen Opposition, einen möglichst weitgehenden Ausbau der Minderheitsrechte zu erreichen, um den Untersuchungsausschuß tatsächlich zu einem scharfen Kontrollinstrument zu machen, steht das verständliche Interesse des Machtkartells von Regierung und Parlamentsmehrheit entgegen, es beim jetzigen Zustand, der ihm die weitgehende Herrschaft über das Verfahren sichert, zu belassen.[7] Das Moment der Antizipation des Machtwechsels weicht diese Front offensichtlich

---

4 *Schneider*, Ak-GG, Art. 44, Rdnr. 2.
5 Vgl. BVerfGE 49, 70 (85).
6 Die geringe Kontrollneigung verdeutlicht der bekannte Satz des Vorsitzenden im Fibag-Untersuchungsverfahren, *Hoogen*: »Eigentore in diesem Hause haben andere geschossen; wir schießen sie nicht. Wir stellen uns geschlossen vor den Bundesverteidigungsminister.«, Stenographische Berichte der 37. Sitzung des BT vom 28.06.1962, Bd. 51, S. 1584.
7 Die von der CDU/CSU-Fraktion im Dezember 1977 eingebrachten »minderheitsstärkenden« Gesetzentwürfe (BT-Drucks. 8/1180 und 8/1181), die sich an den Vorschlägen der Enquête-Kommission Verfassungsreform orientierten, wurden von der regierenden SPD/FDP-Koalition mit dem diametral entgegengesetzten Modell der gerichtsähnlichen Ausgestaltung abgewehrt.
Dem jüngsten Vorstoß zum Ausbau der Minderheitsrechte zur Effektivierung der Kontrolle durch den SPD-Gesetzentwurf (BT-Drucks. 11/2025) wurden von der Regierungskoalition sogleich Unausgewogenheit und »ausufernde Rechte« der Minderheit vorgeworfen. Vgl. FR vom 18.03.1988, S. 4 und FAZ vom 06.04.1988, S. 6.

nicht weit genug auf, um Grundlage eines (Reform-)Kompromisses sein zu können.[8]

Bei einer an der Bedeutung und Funktion des Untersuchungsrechts ansetzenden Reformdiskussion ist auch zu berücksichtigen, daß in der politischen Praxis neben der traditionellen Kontrollfunktion die »politisch-propagandistische« Funktion[9] der Untersuchung stärker in den Vordergrund getreten ist. Der Vorgang der Untersuchung selbst, die »Informationsveranstaltung« für die Öffentlichkeit und die politische Auseinandersetzung vor deren Augen, ist mit von ausschlaggebender Bedeutung, weil für die konkurrierenden Parteien in erster Linie das politisch interessant ist, was öffentlichkeitswirksam verwertbar ist.[10]

Entgegen der durchaus bemerkenswerten Auffassung, durch die Einsetzung eines Untersuchungsausschusses würde die öffentliche Kritik in einen kleinen Kreis kompetenter Parlamentarier verlagert und der Sachverhalt dadurch entpolitisiert[11], sind wir der Meinung, daß mit der institutionalisierten Untersuchung vor den Augen der Öffentlichkeit ein erhöhtes Maß an Politisierung des Untersuchungsgegenstandes sowie eine Erhöhung des »demokratischen Integrationswertes«[12] verbunden ist.[13] Einer Entpolitisierung würde wohl eher durch die Belassung des Gegenstandes in den »ständigen Parlamentszusammenhängen« Vorschub geleistet.

---

8   Allerdings ist im Verhältnis zu den zuvor bestehenden polaristischen Reformmodellen ein Fortschritt insoweit erzielt, als die in der aktuellen Diskussion befindlichen (Reform-)Gesetzentwürfe – der in dieser Wahlperiode wieder eingebrachte ehemalige »Schulte-Entwurf« (BT-Drucks. 11/1896, zuvor BT-Drucks. 10/6587) und der SPD-Entwurf (BT-Drucks. 11/2025), beide im Anhang abgedruckt, – bei der bisherigen Praxis von Untersuchungsausschüssen ansetzen und die Notwendigkeit des Ausbaus der Minderheitsrechte gemeinsam anerkennen. Streitpunkte sind nunmehr lediglich Art und Umfang des Ausbaus der Minderheitsrechte. Vgl. auch Fn. 7.
9   *Steffani* (Fn. 3), S. 174.
10 *Kipke*, Die Untersuchungsausschüsse des Deutschen Bundestages, Berlin 1985, S. 92, bezeichnet den Öffentlichkeitsbezug der Untersuchung, der u.E. eine eher unterstützende Funktion im Hinblick auf eine effektive Kontrolle hat, sogar als den entscheidenden Faktor.
11 *Plagemann*, Mehr parlamentarische Kontrolle durch Untersuchungsausschüsse. Zu den Empfehlungen der Enquête-Kommission Verfassungsreform, ZParl. 1977, S. 242 ff. (244).
12 *Abendroth*, Demokratie als Institution und Aufgabe, in: Matz (Hrsg.), Grundprobleme der Demokratie, Darmstadt 1973, S. 165.
13 Die in § 9 SPD-Entwurf vorgesehene Ausweitung der Öffentlichkeit ist vor diesem Hintergrund positiv zu bewerten. Daß verstärkte Öffentlichkeit den oft notwendigen Druck zur rückhaltlosen und sachlich ausgerichteten Aufklärung bewirken kann, hat zuletzt der Kieler Untersuchungsausschuß zur *Barschel/Pfeiffer*-Affäre eindrücklich gezeigt.

Im folgenden wird der Versuch unternommen, die politische Praxis der parlamentarischen Arbeit am Demokratiekonzept des Grundgesetzes zu messen. Es wird erörtert, welche Aufgaben ein parlamentarischer Untersuchungsausschuß überhaupt erfüllen kann und wann deshalb von Effizienz und Effektivität eines Untersuchungsausschusses gesprochen werden kann. Anhand der entwickelten Ergebnisse werden dann verschiedene Reformvorschläge, insbesondere die dem Bundestag vorliegenden Entwürfe für ein Untersuchungsausschußgesetz[14], im Hinblick auf eine effektive Arbeit von Untersuchungsausschüssen als Kontrollinstrument untersucht.

II. *Ausgangslage und Bewertungskriterien*

Art. 20 Abs. 1 GG beschreibt die Bundesrepublik Deutschland als demokratischen und sozialen Bundesstaat.
Die Demo-kratie (Volks-Herrschaft) bzw. die in diesem Begriff zum Ausdruck kommende Souveränität des Volkes beinhaltet zwei Aspekte:
– daß das Volk Subjekt, also Träger der Staatsgewalt ist und
– daß es auch Objekt ist, da es zugleich alle der Staatsgewalt Unterworfenen umfaßt.[15]
Volkssouveränität bedeutet mithin die Identität von Regierenden und Regierten.
Art. 20 Abs. 2 GG konkretisiert das Volkssouveränitätsprinzip, indem er festlegt, daß die Staatsgewalt vom Volk selbst in Wahlen und Abstimmungen und durch besondere Organe der Gesetzgebung, der vollziehenden Gewalt und der Rechtsprechung ausgeübt wird. Damit bleibt die Staatsgewalt beim Volk, auch wenn es sich bei der Ausübung besonderer Organe bedient. Die Staatsgewalt geht also nicht etwa allein auf das Parlament und die Regierung über.
Der Bundestag wurde nach Inkrafttreten des Grundgesetzes als das unmittelbar durch den Souverän legitimierte Staatsorgan, auch als das zentrale Staatsorgan, bezeichnet.[16] Das Parlament sollte deshalb auch das Gremium sein, welches aufgrund seiner Gesetzgebungskompetenz die

---

14 BT-Drucks. 11/1896 und 11/2025.
15 Vgl. *Stein*, Staatsrecht, 10. Aufl., Tübingen 1986, S. 74.
16 Vgl. *Scheuner*, Zur Entwicklung des Parlaments unter der Ordnung des Grundgesetzes, in: Aus Politik und Zeitgeschichte, 1974, Bd. 39, S. 3 ff. (11).

»stärkste« Stellung der drei Gewalten hat, da Judikative und Exekutive nur die vom Parlament gefaßten Beschlüsse umsetzen bzw. die erlassenen Normen anwenden.

Die klassischen Funktionen des Parlaments: Wahl der Regierung, Gesetzgebung, Kontrolle der Regierung und Diskussion von politischen Alternativen als Grundlage eines Meinungsbildungsprozesses (Öffentlichkeitsfunktion)[17] werden von ihm allerdings schon lange nicht mehr erfüllt. Bei der Wahl des Bundeskanzlers reduziert sich die politische Teilhabe der ins Parlament gewählten Abgeordneten auf eine Akklamation für die in aller Regel bereits vor der Wahl von den »Parteifunktionären« getroffene Koalitionsaussage.

Innerhalb des Gesetzgebungsverfahrens ist der Funktionsverlust des Parlaments noch gravierender. Bereits *Max Weber* hatte (1913) festgestellt, daß in einem modernen Staat eine bürokratisch-monokratische aktenmäßige Verwaltung zwar die rationalste Form der Herrschaftsausübung ist, die Beherrschung des bürokratischen Apparats aber dem Nichtfachmann (Minister) stets nur begrenzt möglich sein kann.[18] So ist das Parlament heute auch kaum mehr eigentliches Gesetzgebungsorgan; es ist vielmehr nur noch bloßer »Gesetzesverabschieder«.[19]

Auch die Öffentlichkeitsfunktion wird kaum noch »wirklich« ausgefüllt. Im Plenum sollten Regierung, Parlamentsmehrheit und Opposition die Öffentlichkeit über ihre unterschiedlichen Positionen unterrichten und dort ihre politischen Konzepte formulieren.[20] Solche Diskussionen finden jedoch heute fast nur noch in den Fraktions- und Fachausschußsitzungen statt.[21]

Nicht wesentlich besser sind die Chancen des Parlaments für eine effektive *Kontrolle* der Regierung. Voraussetzung für die Ausübung von Kontrolle durch das Parlament ist die sachbezogene Fremdinformation der Parlamentarier (durch die Exekutive).[22] Hätte die Parlamentsmehrheit aufgrund der Abhängigkeit der Regierung theoretisch die Möglich-

---

17 Vgl. *Schneider*, Entscheidungsdefizite der Parlamente, AöR 105 (1980), S. 4 ff. (16).
18 *Max Weber*, Wirtschaft und Gesellschaft, Tübingen 1972, S. 128 f.
19 In den ersten 9 Wahlperioden stammten 61,1% der eingebrachten Gesetzentwürfe von der Regierung, bei den verabschiedeten sogar 77,9%. Außerdem werden von der Regierung verfaßte Gesetzentwürfe aus Zeitgründen wegen Art. 76 Abs. 2 GG häufiger von der »regierungskonformen« Fraktion im Bundestag eingebracht.
20 Vgl. *Schneider* (Fn. 17), S. 17.
21 Vgl. *Kipke* (Fn. 10), S. 28 m.w.N.
22 Vgl. *Schneider*, Opposition und Information. Der Aktenvorlageanspruch als parlamentarisches Minderheitsrecht, AöR 99 (1974), S. 628 ff. (630).

keit, eine Herausgabe von Informationen zu erzwingen, so nimmt sie diese in der Regel wegen ihrer Eingebundenheit in Parteistrukturen nicht wahr, zumal die Abgeordneten der Mehrheit ihre Informationen auf internen Sitzungen erhalten können. Das Bundesverfassungsgericht hat daher auch zutreffend festgestellt, daß Träger der parlamentarischen Kontrolle in erster Linie die Opposition ist.[23]

Die »Alltagsinformationsmöglichkeiten« der Opposition sind in starkem Maße von der Auskunftswilligkeit der Regierung abhängig, da die Bundesregierung nicht auskunftsverpflichtet ist bzw. selbst darüber entscheiden kann, ob wichtige Belange einer Auskunftserteilung entgegenstehen.[24] Es fehlt der Opposition mithin an Informationen[25] und Sachverstand, um die ursprünglich dem Parlament zugedachte Aufgabe der Kontrolle zu erfüllen. Der dem Volkssouveränitätsprinzip zugrundeliegende »Rückkopplungsprozeß« durch Kontrolle ist faktisch kaum vorhanden.

In diesem Kontext ist das parlamentarische Untersuchungsrecht nach Art. 44 GG zu betrachten, das der Opposition zwar keine effektive Alltagskontrolle ermöglicht, aber immerhin in »besonderen Situationen« für eine Kontrolle sorgen kann. Es schafft die Möglichkeit, Sachverhalte und Tatsachen offenzulegen, die Aufschluß über die Umsetzung des politischen Konzepts der Parlamentsmehrheit in praktische Politik geben.

Das handlungsbestimmende Ziel der jeweiligen Opposition ist die Übernahme der Regierungsverantwortung nach der nächsten Wahl.[26] Opposition ist im demokratischen Konzept des Grundgesetzes staatstragende Opposition, die politische Grundentscheidungen nicht anficht, sondern in deren Rahmen mit der Regierung und den sie tragenden Parteien konkurriert.[27]

Die Reproduktion der faktischen Herrschaftsbefugnis erfolgt über die komplementäre Rolle anderer – nämlich der Bürger als Wähler.[28] Sie

---

23 BVerfGE 49, 70 (86); auch *Schneider* (Fn. 22), S. 630.
24 Vgl. zum Problem der Auskunftspflicht *Vogelsang*, Die Verpflichtung der Bundesregierung zur Antwort auf parlamentarische Anfragen, ZRP 1988, S. 5 ff.
25 Vgl. hierzu *Max Weber*, Parlament und Regierung im neugeordneten Deutschland, in: ders., Gesammelte politische Schriften, 3. Aufl., Tübingen 1971, S. 353.
26 Von dieser Prämisse muß zur Zeit nur der fundamentalistische Flügel der »Grünen« ausgenommen werden, der zumindest nicht mit einer anderen Partei die Regierungsmacht »teilen« will.
27 Vgl. *Kipke* (Fn. 10), S. 31; daraus resultiert die Gefahr, daß strukturelle Mängel nicht behoben werden.
28 Vgl. *Rotter*, Parlamentarische Untersuchungsausschüsse und Öffentlichkeit. Eine verfahrenstheoretische Interpretation und ihre Konsequenz für die Reformdiskussion, PVS 1979, S. 111 ff. (115).

entscheiden sich an Hand der ihnen bekannten Informationen von Personen und Programmen der zur Wahl stehenden Parteien. Daher kommt deren öffentlichkeitswirksame Darstellung und Verbreitung in den modernen Massenmedien eine besondere Bedeutung zu.
Waren noch vor 80 Jahren Informationen aufgrund der Stückwerkproduktion nur in begrenztem Maße reproduzierbar und somit der Empfängerkreis überschaubar, so ist im Zeitalter der »synchronisierten Weltgesellschaft« mit »endlosen Empfängereinheiten«, von der Fiktion der »universellen Informiertheit« auszugehen.[29] Die Einführung moderner Massenkommunikationsmittel macht Demokratie in komplexen sozialen Systemen erst möglich, da sie auf der Voraussetzung beruht, daß politische Ereignisse gleichzeitig allen bekannt werden.[30] In der gesellschaftlichen Realität findet letztlich nur das statt, was als Information verbreitet wird. Umgekehrt wird durch die bloße Ausstrahlung von Informationen deren Wirkungsgrad unabhängig von ihrer tatsächlichen Zurkenntnisnahme unterstellt; sie bestimmt so als Art operative Fiktion den politischen Prozeß.[31] Die Verbreitung von Informationen ist somit eine elementare Bedingung für die Wirksamkeit demokratischer (oppositioneller) Kontrolle.
Das Fazit lautet deshalb:
- Im parlamentarischen Alltag kann die Opposition ihrer Rolle als »Kontrolleur« nicht genügend gerecht werden, weil die strukturellen Bedingungen verhindern, daß sie in einem für die Kontrolle notwendigen Maße Informationen und Sachverstand erlangen kann.
- In parlamentarischen Untersuchungsausschüssen wird dieses Defizit dadurch ausgeglichen, daß sich seine Mitglieder speziell mit dem Untersuchungsthema beschäftigen.
- Der Informationszugang ist abhängig von den Rechten der Mitglieder des Untersuchungsausschusses.
- Von der Berichterstattung in den Medien hängt es ab, in welchem Maße aufgedeckte Mißstände die Politik bestimmen.

Variable Größen sind demnach das Recht auf Informationszugang und das Recht auf Publikation von Informationen. Diese Rechte sollten, auch wenn dadurch nur eine exemplarische Kontrolle möglich wird, so ausge-

---

29 Vgl. *Luhmann*, Veränderung im System gesellschaftlicher Kommunikation und der Massenmedien, Soziologische Aufklärung, Bd. 3, Opladen 1981, S. 309 ff. (312 f.).
30 Ebenda, S. 314.
31 Ebenda.

baut werden, daß dem Souverän Einblicke in den Apparat verschafft werden, dessen er sich zur Ausübung seiner Herrschaft bedient. Die Tatsache, daß in der Regel nur die Minderheit an Kontrolle interessiert ist, muß bei der Ausstattung mit Rechten auch im Bereich des Verfahrensrechts konsequent berücksichtigt werden. Reformvorschläge sind deshalb daran zu überprüfen, ob sie den skizzierten Ausgangsforderungen gerecht werden.

III. *Verschiedene Reformkomplexe*

1. *Minderheitsrecht*

Die Stellung der Minderheit in parlamentarischen Untersuchungsausschüssen ist für die Untersuchung von entscheidender Bedeutung, da über den Steuerungsmechanismus von formalen Zulassungsbeschränkungen bzw. Überprüfungs- und Änderungsbefugnissen der Parlamentsmehrheit de facto eine Kontrolle des Untersuchungsinhaltes möglich ist. Zulässigkeit bzw. Unzulässigkeit von Änderungen des Untersuchungsgegenstandes und des Untersuchungsverlaufs sind daher maßgeblich für die Effektivität der Kontrolle der Minderheit gegenüber der Regierung.[32]
Die Forderung, daß die Minderheit im Parlament die Mehrheit im Untersuchungsausschuß bilden sollte, wird u.a. mit der Begründung abgelehnt, daß das Untersuchungsverfahren ohnehin bloße Parteipolitik sei und daher die vom Volk gewählte Mehrheit Mehrheit bleiben solle.[33] *Plagemanns* Auffassung, daß dies anders sei, »wenn wir den Zweck der Untersuchung ausnahmsweise höher einschätzen als das demokratische Prinzip, etwa weil die Informationsbeschaffung dem Gesamtparlament zugute kommt«[34], beruht auf einer Verwechselung des Demokratieprinzips mit dem Mehrheitsprinzip, welches scheinbar auch *Kriele* als uneingeschränktes Entscheidungskriterium für die Legitimation parlamentarischen Handelns zugrunde legt. Eine solche Mehrheitsumkehrung in Untersuchungsausschüssen wäre allerdings aus dem Demokratieprinzip durchaus zu rechtfertigen, da die Volkssouveränität mit der ihr immanen-

---

32 Vgl. hierzu den Beitrag von *Bachmann* in diesem Band.
33 Vgl. *Kriele*, Einführung in die Staatslehre. Die geschichtlichen Legitimationsgrundlagen des demokratischen Verfassungsstaats, Reinbek 1975, S. 188.
34 Vgl. *Plagemann* (Fn. 11), S. 247.

ten Identität von »Herrschern und Beherrschten« nur über ständige Rückkoppelungs- und Kontrollprozesse Freiheit garantieren kann.[35] Da Parlamentsmehrheit und Regierung gemeinsam als die zur »Herrschaftsausübung« für das Volk Tätigen angesehen werden müssen, fällt hier der Opposition häufig allein die Rolle der Kontrolle, und zwar im Parlament »stellvertretend« für das gesamte Volk (als Souverän), zu.[36] Denn auch wenn die Mehrheit durch Wahlen zur Ausübung der Herrschaft legitimiert ist, hat die Bevölkerung ihr »Recht« auf Kontrolle der Exekutive nicht verloren.[37]

Spricht also aus demokratietheoretischen Gesichtspunkten zwar nichts dagegen, der Minderheit im Parlament die Stimmenmehrheit im Untersuchungsausschuß zu geben, so ist dies jedoch aus Zweckmäßigkeitsgründen abzulehnen, da mehr neue Probleme entstünden als gelöst würden. Was wäre z.B., wenn mehrere oppositionelle Gruppen in einem Untersuchungsausschuß differierende Interessen geltend machten? Welche Gruppe hätte dann welche Rechte?

Es scheint sinnvoller, alle Rechte so zu konzipieren, daß sie der kleinsten »Fraktion« im Untersuchungsausschuß zustehen, und umgekehrt alle Einschränkungsmöglichkeiten des Untersuchungsrechts so auszugestalten, daß die kleinste Gruppe in ihren Untersuchungsbemühungen nicht behindert werden kann.

a) *Die Zulässigkeit von Einsetzungsanträgen*

aa) Antragsquorum

Eine der wesentlichen (aber aufgrund der derzeitigen politischen Machtverhältnisse zugleich unwesentlichen) Veränderungen, die das deutsche parlamentarische Untersuchungsrecht seit seiner Aufnahme in die WRV erfahren hat, ist die Erhöhung des Antragsquorums von einem Fünftel der Mitglieder des Reichstages (Art. 34 Abs. 1 WRV) auf ein Viertel der Mitglieder des Bundestages (Art. 44 Abs. 1 GG). Ziel dieser Erhöhung

---

35 Vgl. *Stein* (Fn. 15), S. 74.
36 Zur Rolle der Opposition vgl. auch BVerfGE 49, 70 ff.
37 Vgl. auch *Schneider*, Die parlamentarische Opposition im Verfassungsrecht der Bundesrepublik Deutschland, Bd. I, 1974, S. 35, der in bezug auf Opposition das demokratische Prinzip als einen offenen Prozeß politischer Willensbildung und verantwortlicher, kraft Zustimmung der Mehrheit legitimierter und von der Minderheit kontrollierter Herrschaft beschreibt.

des Quorums war es, einen Mißbrauch des Antragsrechts zu verhindern.[38] Die Mitglieder des Parlamentsrischen Rates gingen offenbar davon aus, daß sich das Spektrum der politisch relevanten Gruppierungen vielfältiger entwickeln würde, als dies tatsächlich geschehen ist. Das Einsetzungsquorum hat erst durch den Einzug der Grünen in den Bundestag wieder praktische Bedeutung gewonnen.

Bedenkt man, daß es nach Mehrheitswechseln durchaus Zeiträume geben kann, in denen beim derzeitigen Parteiengefüge im Bundestag drei von vier Parteien an bestimmten Sachverhaltsaufklärungen wenig interessiert sind (wie es im »Flick«-Untersuchungsausschuß zum Teil der Fall war), so ist überlegenswert, ob nicht im Interesse der Kontrolle auch das Quorum für den Einsetzungsantrag eines Untersuchungsausschusses auf die Höhe der Fraktionsstärke herabgesetzt werden sollte.[39]

bb) Prüfungsbefugnis des Einsetzungsantrages durch die Mehrheit im Parlament

In der Praxis – insbesondere auf Länderebene – sind verschiedentlich Untersuchungen verhindert bzw. verzögert worden, indem die Parlamentsmehrheit den Einsetzungsantrag der Minderheit teilweise oder ganz für verfassungswidrig erklärte und sich weigerte, einen Untersuchungsausschuß einzusetzen.[40] Weder der IPA-Entwurf noch die BT-Drucks. 11/1896 enthalten sinnvolle Ansätze, um die Minderheit vor zum Teil aus taktischen Gründen für die Mehrheit wünschenswerten Zeitverzögerungen zu schützen. Auch der SPD-Entwurf[41] begnügt sich in § 1 Abs. 2 mit der Feststellung, daß Untersuchungen im Rahmen der verfassungsmäßigen Zuständigkeit des Bundes zulässig sind.

Abhilfe wäre hier dadurch möglich, daß auf den Beschluß der Mehrheit verzichtet wird und die Einsetzung direkt von der vom Quorum her zulässigen Zahl von Abgeordneten beschlossen werden kann. Der Untersuchungsausschuß würde dann unmittelbar seine Arbeit aufnehmen, und die Mehrheit könnte gegebenenfalls über das Mittel des vorläufigen

---

38 Vgl. nur Abg. *Dr. Katz*, Parlamentarischer Rat, Organisationsausschuß, 2. Sitzung, Sten. Prot. S. 83 f.; 11. Sitzung, Sten. Prot. S. 89.
39 Dies wurde z.B. von *Schneider*, in: Der Spiegel, Heft 43/1985, S. 37 ff. (43) bereits vorgeschlagen: »Deswegen lautet mein Vorschlag: das Minderheitsrecht unabhängig von einem Quorum in ein Oppositionsrecht umzugestalten.«
40 Siehe dazu als Beispiel ein Verfahren aus Bayern: BayVBl. 1981, S. 593.
41 BT-Drucks. 11/2025.

Rechtsschutzes im Organstreitverfahren versuchen, einen »Stop« der Untersuchung zu erreichen.[42] Das Argument, die bisherige Praxis, nach der die Einsetzungsminderheit im Wege des Organstreits gegen die Ablehnung der Einsetzungsmehrheit vorgehen kann, sei ausreichend[43], kann nicht überzeugen, da dann die Gefahr bestünde, daß Untersuchungen, weil sie erst Monate nach Bekanntwerden von Mißständen vorgenommen werden, in den Medien wesentlich geringere Beachtung fänden, als wenn sie unmittelbar nach Entdeckung der Mißstände durchgeführt worden wären.

b) *Die Beweiserhebung von Untersuchungsausschüssen*

aa) Das Beweisantragsrecht

War das Beweisantragsrecht der antragstellenden Minderheit in Art. 34 Abs. 1 Satz 2 WRV noch explizit enthalten, so ist es bei der Schaffung des Grundgesetzes der Angst, daß es – wie in »Weimar« – von einer radikalen Opposition im Parlament als politisches Obstruktionsmittel mißbraucht werden könnte, zum Opfer gefallen.[44] Die Forderung, das Beweisantragsrecht einer qualifizierten Minderheit einzuräumen, wurde seither mehrfach erhoben.[45] Gemäß § 12 Abs. 2 IPA-Regeln sind Beweise zu erheben, wenn sie von den Antragstellern, einem Viertel der Ausschußmitglieder oder den Betroffenen beantragt werden, es sei denn, daß sie offensichtlich nicht im Rahmen des Untersuchungsauftrags liegen. Die entscheidende Regelungslücke – es blieb unklar, wer über das »offensichtlich nicht im Rahmen des Untersuchungsauftrages liegende« zu entscheiden hatte – wurde durch § 5 Abs. 2 c in Verbindung mit § 5 Abs. 3 der BT-Drucks. 11/1896 minderheitsschützend dadurch geschlossen, daß einem Beweisantrag, der mit weniger als zwei Dritteln der Stimmen der stimmberechtigten Mitglieder eines Untersuchungsausschusses angenommen wurde, dann stattzugeben ist, wenn nicht mindestens zwei Drittel der stimmberechtigten Mitglieder diesem Antrag widersprechen. Al-

---

42 So auch *Schneider*, nach Bachmann/Radeck, Tagungsbericht »Bedarf das Recht der parlamentarischen Untersuchungsausschüsse einer Reform?«, DVBl. 1988, S. 89 ff. (91).
43 *Damkowski*, nach Bachmann/Radeck (Fn. 42), S. 91.
44 Vgl. *Kipke* (Fn. 10), S. 20.
45 So erstmals wieder 1964 vom 45. DJT und später auch von der Enquête-Kommission Verfassungsreform, Schlußbericht, Deutscher Bundestag, 7. Wahlperiode, Drucks. 7/5924, Bonn 1976, S. 51.

lerdings kann aufgrund des Verfahrens eine Verzögerung der Entscheidung über den Antrag um eine Sitzung auftreten (§ 5 Abs. 3 BT-Drucks. 11/1896). Im Gegensatz hierzu regelt der SPD-Entwurf auch die Antragsbefugnis, die jedem Mitglied des Untersuchungsausschusses zustehen soll. Allerdings entscheidet über die Annahme dann der Untersuchungsausschuß durch Beschluß, wenn der Beweisantrag von weniger als einem Viertel seiner Mitglieder gestellt ist (§ 13 Abs. 1 SPD-Entwurf). Wird der Antrag von einem Viertel der Ausschußmitglieder gestellt oder von den Mitgliedern, die zu den Antragstellern gehören, so sind die Beweise zu erheben (§ 13 Abs. 2 SPD-Entwurf).
Zwar ist der SPD-Entwurf aufgrund seiner deutlichen Formulierungen ein richtiger Schritt zum Ausbau der Befugnisse der Minorität; doch ist die Frage zu stellen, ob es nicht aus Gründen der Effektivierung der Kontrollrechte – auch für die kleinsten Fraktionen – sinnvoller ist, die Antragsberechtigung von der Anzahl der stimmberechtigten Ausschußmitglieder dieser Fraktionen abhängig zu machen.

bb) Exekution von Beschlüssen des Untersuchungsausschusses

In der Praxis von Untersuchungsausschüssen hat sich gezeigt, daß ein Beweisantragsrecht für die Minderheit allein nicht ausreicht, um die gewünschten Informationen zu erhalten. So war es z.B. der Minderheit im »Claude/Mauss«-Ausschuß des Niedersächsischen Landtages nicht möglich, eine von der Mehrheit mitbeschlossene Zeugenvernehmung durchzusetzen, da die Mehrheit im Ausschuß den Zeugen für hinreichend entschuldigt hielt.[46]
Nach der BT-Drucks. 11/1896 soll die einfache Mehrheit darüber entscheiden, ob Zeugen, Gutachter oder Sachverständige hinreichend entschuldigt sind (§ 16 Abs. 2 i.V.m. § 8 Abs. 4) oder ob gegen sie bei dem zuständigen Gericht Verhaftungen, Beschlagnahmen oder Durchsuchungen zu beantragen sind (§ 16 Abs. 4 i.V.m. § 8 Abs. 4). Demgegenüber verstärkt der SPD-Entwurf die Position der Minderheit dadurch, daß der Ausschußvorsitzende auf Antrag der Mitglieder des Untersuchungsausschusses die zu den Antragstellern gehören oder eines Viertels der Mit-

---

[46] Vgl. dazu die Entscheidungen des Niedersächsischen Staatsgerichtshofs, StGH 1/85, DVBl. 1986, S. 237 f. und StGH 2/85, DVBl. 1986, S. 238 ff.; kritisch dazu: *Schröder*, Minderheitenschutz im parlamentarischen Untersuchungsverfahren: Neue Gerichtsentscheidungen, ZParl. 1986, S. 367 ff. (373–376).

glieder verpflichtet ist, Zwangsmaßnahmen oder Ordnungsgeld beim zuständigen Gericht zu beantragen (§ 16 Abs. 3 i.V.m. § 16 Abs. 1 und 2). Der SPD-Entwurf ist somit der erste Entwurf, der geeignete Verfahrensregeln enthält, um der Minderheit die Herrschaft über die Sanktions- und Beweissicherungsmaßnahmen in Untersuchungsausschüssen zu geben.

c) *Abschlußbericht des Untersuchungsausschusses*

Abschlußberichte sind kaum Gegenstand von Reformüberlegungen. Vermutlich ist allen Beteiligten klar, daß es sich hierbei um eine politische Auswertung der ermittelten Tatsachen handelt. Spätestens seit weitgehende Einigkeit darüber besteht, daß Untersuchungsausschüsse »politische Kampfinstrumente« sind, erwartet niemand mehr ernsthaft eine annähernd objektive Wahrheitsermittlung und Darstellung als Ergebnis.
Das Plenum kann auf den Abschlußbericht mit einem förmlichen Beschluß reagieren, der auf Zustimmung oder Annahme lautet. Aber auch lediglich Kenntnis- bzw. Entgegennahme durch das Plenum mit anschließendem Übergang zur Tagesordnung ist möglich. Für die Wirkung der Arbeit des Untersuchungsausschusses ist letztendlich bedeutsam, ob und wenn ja wie unterschiedlich die Berichte in der Öffentlichkeit aufgenommen werden.

2. *Ausschußvorsitz*

Der Position des Ausschußvorsitzes kommt wegen weitreichender verfahrensleitender Kompetenzen[47] nach innen und aufgrund der großen Öffentlichkeitswirksamkeit nach außen erhebliche Bedeutung zu. Ihre Besetzung ist daher Gegenstand politisch taktischer Verwertungsstrategien.[48]
Diesem Problem wollen Vorschläge beggenen, die dem/der Ausschußvorsitzenden *kein Stimmrecht* einräumen.[49]
Damit wird eine von Parteiinteressen gelöste, neutrale Verhandlungsführung bezweckt, die zur Verobjektivierung und Versachlichung des Verfahrens beitragen soll. »Der Vorsitzende soll durch seine Verantwortung

---

47 Vgl. § 5 BT-Drucks. 11/1896.
48 Vgl. *Kipke* (Fn. 10), S. 197.
49 U.a. Enquête-Kommission Verfassungsreform (Fn. 45), S. 50 (Nr. 1.2.2a), 53 sowie der darauf zurückgehende Gesetzentwurf zur Änderung von Art. 44 GG (BT-Drucks. 8/1180); *Struck* nach Bachmann/Radeck (Fn. 42), S. 90; BT-Drucks. 11/1896: § 5 Abs. 2; demgegenüber wird das Stimmrecht des Vorsitzenden durch den SPD-Entwurf (BT-Drucks. 11/2025) nicht angetastet (§ 6).

für eine faire Verhandlungsführung in einem gerichtsähnlich geordneten Verfahren sicherstellen, daß die im Untersuchungsausschuß vertretenen Fraktionen in einer parlamentarischen Auseinandersetzung und im Wettbewerb zwischen Mehrheit und Minderheiten ihre Aufgabe erfüllen können, die Wahrheit zu dem Untersuchungsthema vor den Augen der Öffentlichkeit zu erforschen.«[50]

Gegen diese Konzeption kann zunächst eingewendet werden, daß der/die Vorsitzende durch den »Verlust« des Stimmrechts im Untersuchungsausschuß noch nicht zum (partei-)politischen Neutrum wird. Es spricht viel dafür, daß seine (partei-)politische Identität weiter auf die Verhandlungsführung durchschlagen würde. Als weiterer Einwand kommt das Argument der Verschleierung der das Verfahren dominierenden politischen Interessengegensätze gegenüber der Öffentlichkeit zum Zuge. Darüberhinaus würde die in der Öffentlichkeit bestehende (Fehl-)Vorstellung vom Untersuchungsausschuß als einer objektiven gerichtsähnlichen Instanz verstärkt; Konflikte würden tendenziell entpolitisiert.

Aus verfassungsrechtlicher Perspektive stellt sich die Frage, ob die Einsetzung eines Vorsitzenden ohne Stimmrecht im Hinblick auf Art. 38 Abs. 1 GG überhaupt zulässig ist.[51] Der Argumentation für die Zulässigkeit, daß das Stimmrecht nicht gänzlich, sondern nur vorübergehend und partiell aus Gründen einer zweckmäßigen Gestaltung eines besonderen parlamentarischen Verfahrens entzogen sei[52], ist entgegenzuhalten, daß die freie und ungehinderte Ausübung des durch Art. 38 Abs. 1 GG garantierten Stimmrechts als Bestandteil des Verfassungsstatus des Abgeordneten[53] von fundamentaler Bedeutung ist. Eine entsprechende Verfassungsänderung (Art. 38 Abs. 1, 44 GG) ist daher u.E. unverzichtbare Voraussetzung für die Einführung der Stellung eines/einer Ausschußvorsitzenden ohne Stimmrecht.

Verschiedentlich wurde erwogen und teilweise auf Länderebene reali-

---

50 Begründung zu BT-Drucks. 11/1896, S. 10.
51 Die Zulässigkeit wird in der Begründung zu BT-Drucks. 11/1896, S. 10, Nr. 3 bejaht. A.A. *Jekewitz* nach Bachmann/Radeck (Fn. 42), S. 92; *Kipke* (Fn. 10), S. 197, Fn. 122; wohl auch Enquête-Kommission Verfassungsreform, Schlußbericht (Fn. 45), S. 51 und die zweite Reforminitiative zur Änderung von Art. 44 GG (BT-Drucks. 8/1180, Nr. 2 der Begründung), die von der Notwendigkeit einer Verfassungsänderung ausgehen (Art. 44 Abs. 2 GG neu: »Den Vorsitz im Untersuchungsausschuß führt ein vom Bundestag gewähltes, im Untersuchungsausschuß nicht stimmberechtigtes Mitglied des Bundestages«).
52 Vgl. BT-Drucks. 11/1896, S. 10, Nr. 3.
53 Vgl. BVerfGE 10, 4 ff. (12).

siert[54], die Besetzung des Ausschußvorsitzes an die *Voraussetzung besonderer persönlicher Qualifikation* – i.d.R. die Befähigung zum Richteramt – zu binden.[55] Hintergrund dafür ist das Bestreben zu gewährleisten, daß der Untersuchungsausschuß in Verfahrensfragen ohne Unsicherheit und unter Beachtung aller rechtsstaatlichen Grundsätze geführt wird.[56]
Gegen besondere Qualifikationsanforderungen sprechen vor allem die damit einhergehende Ungleichbehandlung der Abgeordneten (Verstoß gegen Art. 38, 44 GG) und die Einengung des Kreises der für den Ausschußvorsitz in Betracht kommenden Abgeordneten.[57]
U.E. besteht durch die selbstregulative Wirkung des Interesses der Fraktionen, qualifizierte Abgeordnete – insbesondere für den Ausschußvorsitz oder dessen Stellvertretung – zu stellen, ohnehin kein Regelungsbedarf.[58]
Unter dem Aspekt der Stärkung der Minderheitsrechte wurde angeregt, den *Antragstellern* (des Untersuchungsausschusses) – d.h. also in der Regel der oppositionellen Minderheit – den Ausschußvorsitz einzuräumen, um sie gleichsam in Kompensation ihrer zahlenmäßigen Unterlegenheit der Sachherrschaft über den Untersuchungsgegenstand näher zu bringen.[59] Kritiker dieser durchaus tauglichen Konzeption befürchten allerdings, daß damit die oppositionelle Neigung zur öffentlichkeitswirksamen »Ausschlachtung« der Untersuchung noch verstärkt werde, weil das Verfahren in noch größerem Umfang in den Dienst parteipolitischer Öffentlichkeitsarbeit gestellt würde.
Schließlich ist zu diesem Reformkomplex noch der Vorschlag zu erwähnen, *die/den Vorsitzende(n)* jeweils von *allen Fraktionen gemeinsam nominieren zu lassen.*[60] Die Opposition soll dabei nicht überstimmt und

---

54 Art. 3 Abs. 2 des Gesetzes über die Untersuchungsausschüsse des Bayerischen Landtages vom 23.03.1970, GVBl. S. 95; § 40 Satz 2 des Gesetzes Nr. 970 über den Landtag des Saarlandes vom 20.06.1973, ABl. S. 517.
55 Enquête-Kommission Verfassungsreform (Fn. 45), Sondervotum *Hirsch, Engelhard*, S. 67; *Engelhard*, Deutscher Bundestag, 8. Wahlperiode, 63. Sitzung, Plen. Prot. S. 4828.
56 Vgl. Enquête-Kommission Verfassungsreform (Fn. 45), S. 53.
57 Ebenda.
58 Zur diese Aussage unterstützenden »Besetzungspraxis« vgl. *Kipke* (Fn. 10), S. 200.
59 *Keßler*, Zur Reform des parlamentarischen Untersuchungsrechts, in: Die neue Gesellschaft, Jg. 10/1963, S. 4 ff. (7), der schon betonte, daß es sich bei der Stärkung der Opposition durch Erweiterung der Minderheitsrechte um ein Mittel zur Wiederherstellung der Kontrollfunktion des Parlaments gegenüber der Regierung handelt; kritisch: *Kipke* (Fn. 10), S. 203; *Partsch*, Verhandlungen des 45. Deutschen Juristentages (1964), Bd. I (Gutachten), Teil 3, S. 59 f.; dagegen: Empfehlungen ..., ZParl. 1972, S. 433 (III 2); gemäß § 3 UAG Bayern muß der Vorsitzende der Regierungsfraktion angehören.
60 *Böckenförde*, Enquête-Kommission Verfassungsreform (Fn. 45), 12. Sitzung vom 13./14.12.1974, Kommissionsprotokolle, S. 17.

materiell von der Mitentscheidung ausgeschlossen werden können. Dieses Verfahren gewährleistet und breite Vertrauensbasis für die Person der/ des Vorsitzenden. Auf diese wäre sie allerdings auch angewiesen, denn konzeptionslogisch müßte jede Fraktion zu jeder Zeit die Abberufung verlangen können. Uns drängt sich die Vermutung auf, daß die parteitaktischen Kalküle zunächst mühsam durch den Kompromißdruck niedergehalten werden, dann aber (um so stärker) während des Verfahrens durchbrechen.

3. *Vereidigungskompetenz*

Durch die sinngemäße Anwendbarkeit der Vorschriften über den Strafprozeß hat der Untersuchungsausschuß auch das – im Prinzip nicht bestrittene – Recht zur Vereidigung von Zeugen und Sachverständigen erhalten.[61]
Die Notwendigkeit einer Vereidigungskompetenz ist jedoch umstritten, und zwar deshalb, weil die Vereidigung ein Wesensmerkmal des Gerichtsverfahrens ist. Da der Zeuge im Untersuchungsverfahren aufgrund der begrenzten Möglichkeit der Aussageverweigerung eine völlig andere Stellung als im Gerichtsverfahren habe und der Untersuchungsausschuß nicht die Unbefangenheit eines Gerichts besitze, sondern immer befangen im Sinne parteipolitischer Interessenbindung sei, müsse auf die Befugnis zur Vereidigung verzichtet werden.[62] Ist die (generell bestehende) Problematik der entsprechenden Anwendung der StPO damit zwar zutreffend benannt, so kann den parlamentarisch-politischen Gegebenheiten jedoch durch eine Beschränkung der Vereidigung auf besondere Ausnahmefälle sinnvoller Rechnung getragen werden als durch einen vollständigen Verzicht auf die Vereidigungskompetenz. Sowohl die IPA-Regeln[63] als auch der SPD-Entwurf[64] sehen die Vereidigung – im Gegensatz zum Strafpro-

---

61 *Maunz*, in: Maunz/Dürig, Kommentar zum Grundgesetz, Art. 44, Rdnr. 53 m.w.N.; entsprechend ist in § 16 Abs. 2 der IPA-Regeln und in § 18 des SPD-Entwurfs die Berechtigung zur Vereidigung enthalten.
62 Vgl. Enquête-Kommission Verfassungsreform (Fn. 45), S. 51, 55; BT-Drucks. 11/1896, S. 11 Nr. 5 und § 18 Abs. 2 (S. 7), wonach eine Vereidigung nicht erfolgt. § 18 Abs. 3 dieses Gesetzentwurfes enthält stattdessen den Vorschlag eines Straftatbestandes in Anlehnung an die Strafvorschriften über uneidliche Falschaussage und Meineid.
63 Eine Vereidigung findet nach § 18 Abs. 4 nur statt, wenn der Untersuchungsausschuß es wegen der Bedeutung der Aussage oder zur Herbeiführung einer wahrheitsgemäßen Aussage für erforderlich hält.
64 Nach § 18 Abs. 1 entscheidet der Untersuchungsausschuß (mit einfacher Mehrheit) über die Vereidigung. Auf die Vereidigung ist zu verzichten, wenn ein Viertel der Mitglieder

zeß – jedenfalls nicht als Regelfall vor und sind daher u.E. dem völligen Verzicht auf die Vereidigungskompetenz vorzuziehen.

Hinsichtlich des Minderheitsschutzes ist fraglich, ob die der Minderheit über den Untersuchungsgegenstand einzuräumende Sachherrschaft – die sich auch auf das Beweiserhebungsverfahren als dem Kern der Untersuchungstätigkeit erstrecken muß – erfordert bzw. zuläßt, daß die Vereidigung schon auf Antrag einer qualifizierten Minderheit hin vorzunehmen ist. Für die Beantwortung dieser Frage ist entscheidend, ob die Vereidigung zur Beweiserhebung zählt – dann ist der Antrag einer qualifizierten Minderheit ausreichend – oder ob sie eine Maßnahme der Sach- bzw. Verfahrensleitung darstellt – dann ist eine einfache Mehrheit notwendig. Gegen die Zuordnung zur Beweiserhebung spricht, daß die Vereidigung erst nach der eigentlichen Beweiserhebung – der Vernehmung des Zeugen zur Sache – zwecks Bekräftigung des Wahrheitsgehaltes der gemachten Aussage erfolgt. Berücksichtigt man weiterhin die überwiegende Meinung in der strafprozessualen Fachliteratur, die den Antrag auf Vereidigung im Gerichtsverfahren nicht als Beweisantrag qualifiziert, wird man zu dem Ergebnis gelangen müssen, daß die Vereidigung (auch) im Untersuchungsverfahren keine Beweiserhebung darstellt.[65] Somit hat der Untersuchungsausschuß über die Vereidigung mit einfacher Mehrheit zu entscheiden.[66]

4. *Zutrittsrecht von Vertretern der Exekutive*

Nach Art. 43 Abs. 2 Satz 1 GG haben Mitglieder des Bundesrates und der Bundesregierung sowie deren Beauftragte – im folgenden zusammenfassend als Vertreter der Exekutive bezeichnet – Zutritt zu den Sitzungen von Untersuchungsausschüssen[67]. Über die Anwendbarkeit dieser

---

des Untersuchungsausschusses oder die Antragsteller dies beantragen. Hier wird also über das Erfordernis eines »parteiübergreifenden« Konsenses gewährleistet, daß nur ausnahmsweise und mit überzeugender Begründung vereidigt wird.

65 So *Vetter*, Zur Abnahme des Zeugeneides im parlamentarischen Untersuchungsverfahren. Umfang und Grenzen des Minderheitenschutzes, ZParl. 1988, S. 70 ff. (75, 76), mit umfassender Begründung und weiteren Nachweisen. *Vetter* stellt auch klar, daß der Beweiserhebungsanspruch einer qualifizierten Minderheit Maßnahmen des Zeugniszwangs beinhaltet.
66 Sowohl § 16 IPA-Regeln als auch § 18 Abs. 1 Satz 1 SPD-Entwurf werden diesem Ergebnis gerecht. § 18 Abs. 1 Satz 2 SPD-Entwurf verstärkt die Position der Minderheit lediglich insoweit, als gegen den Willen der Minderheit nicht vereidigt werden darf.
67 So die ganz herrschende Meinung; vgl. statt vieler: *Meier*, Zitier- und Zutrittsrecht im parlamentarischen Regierungssystem, Berlin 1982, S. 163-165 m.w.N.; Enquête-Kom-

Regelung und ihren Sinn im Untersuchungsverfahren bestehen allerdings unterschiedliche Auffassungen.

Die ein Zutrittsrecht zu nichtöffentlichen Sitzungen unter verfassungsrechtlichen Gesichtspunkten ablehnende[68] oder nur eingeschränkt zulassende[69] Meinung argumentiert damit, daß das Zutrittsrecht zu den Fachausschüssen legitime Mitwirkung und Teilnahme unter dem Gesichtspunkt der gemeinsamen politischen Leitungsgewalt von Parlament und Regierung ist, bei Untersuchungsausschüssen als einem aus der Gewaltenteilung erwachsenen Institut der »Gegen«-Kontrolle jedoch zu einer kontrafunktionalen Situation führt.

Bundestag und Landtage handhaben diese Problematik regelmäßig in Form des Kompromisses, daß Untersuchungsausschüsse teilweise informelle Beratungssitzungen abhalten und Vertreter der Exekutive nichtöffentlichen Sitzungen möglichst fernbleiben.[70]

Sämtliche zu diesem Komplex entwickelten Vorschläge sehen eine Einschränkung des Zutrittsrechts vor, weil die Exekutive es ansonsten in der Hand hätte, sich über Mittel und Ablauf des Verfahrens zu informieren, und dadurch in die Lage versetzt wäre, sich taktisch auf das Verfahren einzustellen. Damit würde das auf Kontrolle der Exekutive gerichtete Untersuchungsverfahren tendenziell geschwächt. Außerdem kann schon von der bloßen Anwesenheit eine Beeinflussung ausgehen. Auch bestünde die Gefahr einer Befangenheit von Zeugen gegenüber anwesenden Vertretern der Exekutive.

Ein differenzierterer und flexibler zu handhabender Regelungsvorschlag schließt die Anwesenheit von Vertretern der Exekutive nicht generell aus, sondern läßt die Möglichkeit der Einschränkung für den Einzelfall – d.h. für ganz bestimmte Sitzungen – durch Beschluß des Untersuchungsausschusses zu.[71] Nur für die internen Beratungen des Untersuchungsausschusses soll das Zutrittsrecht generell für alle aus Art. 43 Abs. 2 GG

---

mission Verfassungsreform (Fn. 45), S. 55. Die Grenze wird erst beim Rechtsmißbrauch (hier: wenn das Zutrittsrecht zur Beeinträchtigung oder Vereitelung des Untersuchungszwecks mißbraucht wird) gezogen, wodurch i.d.R. der Ausschluß von Vertretern der Exekutive, die im Verfahren noch als Zeugen gehört werden sollen, gedeckt ist. Vgl. dazu auch *Kipke* (Fn. 10), S. 69 m.w.N.

68 *Ehmke,* Verhandlungen des 45. Deutschen Juristentages (1964), Bd. II, S. 7 ff. (E 50).
69 *Friesenhahn,* Parlament und Regierung im modernen Staat, in: Veröffentlichungen der Vereinigung der Deutschen Staatsrechtslehrer, Heft 16, Berlin 1958, S. 9 ff. (73).
70 *Kipke* (Fn. 10), S. 70.
71 Enquête-Kommission Verfassungsreform (Fn. 45), S. 51, 55.

Berechtigten eingeschränkt werden, während für die (öffentlichen wie nichtöffentlichen) Beweiserhebungen und andere Sitzungen (einschließlich der nichtöffentlichen und geheimen) nur der Ausschluß einzelner Personen[72] zulässig sein soll.[73]

Unseres Erachtens sollte aus den genannten Gründen das Zutrittsrecht bei konsequenter Stärkung der Minderheitsrechte inhaltlich wie folgt geregelt werden:
- Änderung des Grundgesetzes dahingehend, daß Art. 43 Abs. 2 GG auf Untersuchungsausschüsse keine Anwendung findet (entsprechend Art. 10 Abs. 3 der Vorläufigen Niedersächsischen Verfassung)[74];
- genereller Ausschluß von allen nichtöffentlichen Sitzungen[75], wobei Ausnahmen mit Zweidrittelmehrheit zulässig sind;
- Ausschlußmöglichkeit bei öffentlichen Sitzungen: Ausschluß, wenn der Ausschuß oder die Vertreter der Antragsteller im Untersuchungsausschuß es für erforderlich halten.

Dadurch wird verhindert, daß die Ausschußmehrheit die Anwesenheit von Vertretern der Exekutive jederzeit durchsetzen kann.[76] Eine klare Zutrittsbeschränkung könnte auch zu einem unabhängigeren Selbstverständnis der Parlamentarier beitragen und die Glaubwürdigkeit der Untersuchung gegenüber der Öffentlichkeit erhöhen.[77] Darüberhinaus würde die Ausschußarbeit für die Öffentlichkeit transparenter, weil der Untersuchungsausschuß dann nicht mehr gezwungen ist, seine Tätigkeit wegen

---

72 Z.B. künftige Zeugen oder Dienstvorgesetzte gerade aussagender Zeugen.
73 Enquête-Kommission Verfassungsreform (Fn. 45), S. 51, 55. Zur Begründung wird allgemein auf die hemmende Wirkung der Anwesenheit von Vertretern der Exekutive auf die Arbeit des Untersuchungsausschusses verwiesen.
74 BT-Drucks. V/2425 i.V.m. BT-Drucks. V/4514; näheres ergibt sich aus § 9 der dieser Änderungsinitiative entsprechend gestalteten IPA-Regeln: Möglichkeit des Ausschlusses von Vertretern der Exekutive bei nichtöffentlichen Sitzungen, wenn überwiegende Interessen des Zeugen dies gebieten oder es zur Erlangung einer wahrheitsgemäßen Aussage erforderlich scheint (Abs. 1); grundsätzlicher Ausschluß von Beratungen (Abs. 2). Ausnahmen kann der Untersuchungsausschuß beschließen. Für die Ausschluß- und Ausnahmebeschlüsse ist eine Zweidrittelmehrheit erforderlich (Abs. 3).
75 Verhandlungen des 45. DJT (1964), Beschluß, Bd. II, S. E 173 Nr. 10.
76 Der Einwand, es sei ein Trugschluß zu glauben, mit einer Ausschlußregelung könne verhindert werden, daß sich die Exekutive taktisch auf die Untersuchung einstellen kann, weil laufende interne Beratungen zwischen Parlamentariern der Ausschußmehrheit und Regierungsvertretern jederzeit Gewähr für eine Rückkopplung böten – so *Kipke* (Fn. 10), S. 218 –, ist nicht unberechtigt. Jedoch muß betont werden, daß es ein qualitativer Unterschied ist, ob die Rückkopplung quasi normativ gewollt oder nur nicht zu verhindern ist.
77 Vgl. *Hirsch* in der ersten Beratung zu BT-Drucks. V/2425, Deutscher Bundestag, 5. Wahlperiode, 171. Sitzung, Plen. Prot. S. 9207.

unliebsamen Anwesenden von den öffentlichen Sitzungen in informelle Besprechungen zu verlagern.[78]

5. *Untersuchungsverfahren mit parlamentsfremden Personen*

In dem Bestreben, eine Objektivierung und Effektuierung der Ausschußarbeit durch eine Verminderung parteipolitischer Rivalitäten zu erreichen, wurde eine Reihe von unterschiedlich konzeptionierten Vorschlägen in die Reformdiskussion eingebracht, um das Untersuchungsverfahren durch eine Besetzung mit parlamentsfremden Personen zu reformieren. Neben dem weitestgehenden Vorschlag, die herkömmlichen Untersuchungsausschüsse durch mit ehemaligen Richtern besetzte Untersuchungs-Kommissionen zu ersetzen[79], wurde eine Teilbesetzung mit etwa drei Richtern/Richterinnen (»neutrale Bank«)[80] sowie die Besetzung der gewichtigen Position des Ausschußvorsitzes durch einen Richter/eine Richterin (bei im übrigen unveränderter Zusammensetzung)[81] diskutiert. In diesen Kontext gehören auch Vorschläge, als Ersatz für Untersuchungsausschüsse die Institution eines Parlamentsbeauftragten für Untersuchungsaufgaben einzurichten[82] oder sich des bereits bestehenden Instruments der Enquête-Kommissionen zur Durchführung von Skandal- und Mißstandsenquêten zu bedienen.[83]
Über die konzeptionsspezifische Kritik[84] hinaus begegnen diese Vorschläge einigen grundlegenden Einwänden. Dem Ziel der Objektivierung des Verfahrens vermögen überhaupt nur diejenigen Konzepte spürbar näher zu kommen, die die Untersuchung vollständig in die Hände parlamentsfremder Personen legen. Sie sind jedoch schon aufgrund der damit verbundenen Entmachtung des Parlaments abzulehnen. Die übrigen Vorschläge, die versuchen, die parteipolitischen Komponenten durch »Anrei-

---

78 Vgl. Enquête-Kommission Verfassungsreform (Fn. 45), S. 55.
79 Vgl. Enquête-Kommission Verfassungsreform (Fn. 45), S. 70–75 (Sondervotum *Schäfer, Rietdorf, Schweitzer*).
80 *Schäfer*, Der Untersuchungsausschuß: Kampfstätte oder Gericht?, ZParl. 1974, S. 496 (498 f.).
81 U.a. *Stern*, Enquête-Kommission Verfassungsreform (Fn. 45), Kommissionsprotokoll S. 21.
82 *Partsch* (Fn. 59), S. 192 ff.; *Schäfer*, Diskussionsbeitrag, in: Parlamentarische Untersuchungsausschüsse: überforderte Richter in eigener Sache?, ZParl. 1974, S. 509.
83 Den Anstoß hierzu gab die IPA in einem Beschluß vom Mai 1979 in der IPA-Drucks. 849 durch den Hinweis auf die sachliche Zusammengehörigkeit von Enquête-Kommissionen gemäß § 56 GO-BT und Untersuchungsausschüssen gemäß Art. 44 GG.
84 Ausführlich dazu *Kipke* (Fn. 10), S. 183 ff.

chern« des Untersuchungsausschusses mit Nichtparlamentariern einzudämmen, sehen bei näherer Betrachtung etwas hilflos aus. Denn die politischen Einflüsse[85] würden über Umwege doch ihr Ziel erreichen. Politische Interessengegensätze würden tendenziell verschleiert und damit der für demokratische Kommunikationsstrukturen wichtige Faktor der Transparenz für die Öffentlichkeit reduziert.

Zwar war dieser Reformkomplex lange Zeit als Hauptaustragungsort der Grundsatzkontroverse zwischen »Gerichtsähnlichkeit« und »politischem Kampfinstrument« einer der bedeutendsten, doch kann die Diskussion darüber aus heutiger Perspektive als weitgehend abgeschlossen gelten.[86] Da die Reformdiskussion nunmehr bei einer an der bisherigen Praxis orientierten Fortentwicklung ansetzt, ist die Besetzung mit parlamentsfremden Personen in dem als »politisches Kampfinstrument« verstandenen Wesen der Untersuchungsausschüsse ein fremdes und disfunktionales Element.

IV. *Untersuchungsrecht und Öffentlichkeit*

Die »Reformgeschichte« belegt deutlich, daß Initiativen der Oppositionsparteien allein nicht ausreichen, um das Machtkartell von Regierung und Parlamentsmehrheit dazu zu bewegen, einen Teil ihrer Macht durch die Stärkung der Minderheitsrechte abzugeben.

Grundlegende Voraussetzung für eine solche Stärkung der Minderheitsrechte ist vielmehr ein Demokratieverständnis in der Bevölkerung, das konsequente parlamentarische Kritik und Kontrolle durch die Opposition positiv bewertet. Daran mangelt es jedoch infolge tradierter staatsautoritär fixierter Einstellungen und aufgrund des – die gesellschaftlichen Interessenkonflikte entschärfenden – hohen Grades der Bedürfnisbefriedigung in der »Wohlstandsgesellschaft«.[87] Konsequente und nicht von Beginn an kompromißbereite Angriffe der Opposition, bei der auch politische Grundentscheidungen angefochten werden, sieht der Bundesbürger nicht

---

85 Daß auch Richter diesen Einflüssen ausgesetzt sind, belegen die Erfahrungen der Weimarer Republik mit ihrer politischen Justiz eindrücklich.

86 Ein deutliches Indiz dafür ist, daß nach beiden in der 11. Wahlperiode eingebrachten Entwürfen sowie auch schon nach sämtlichen konkreten Reforminitiativen vor ihnen das Untersuchungsverfahren allein von Mitgliedern des Bundestages durchgeführt werden soll.

87 Vgl. *Kipke* (Fn. 10), S. 31.

gern. Eine solche Verhaltensstruktur läßt ihn ein – das technokratische (Krisen-)Management gefährdendes – Chaos (etwa in Form der vielzitierten »italienischen Verhältnisse«) wittern. Erwünscht ist vielmehr eine staatstragende Opposition, die nicht durch wachsame Kontrolle über die Regierungsmacht sowie durch Darstellung grundlegender politischer Alternativen überzeugt, sondern dadurch, daß sie sich beim gemeinsamen konstruktiven und kompromißbeladenen »Basteln« am Staatswohl als die bessere Managementgruppe gegenüber dem Machtkartell erweist.

Aus diesem Zusammenhang ergibt sich allerdings eine Perspektive für die Zukunft, da sich die Erfüllung von Bedingungen zur Veränderung des – als Ursache für die mangelnde Durchschlagskraft der Reformbestrebungen erkannten – Oppositionsverständnisses abzeichnet.

Zum einen wachsen weniger staatsautoritär fixierte Generationen heran, deren Furcht vor Chaos und Scheu vor offenen Konflikten geringer ist. Die politische Bewegung der »Grünen«, die sowohl parteiintern als auch nach außen Konflikte in einer bis dahin nicht gekannten Offenheit austrägt, gilt uns als exemplarischer Beleg dafür. Zum anderen nehmen Ausmaß und Intensität sozialer Konflikte deutlich zu. Bezüglich der Massenarbeitslosigkeit ist eher eine Verfestigung zur sogenannten Zweidrittel-Gesellschaft nach dem Muster Großbritanniens zu erwarten als ihre Überwindung. In einer »Breit«-Seite des DGB gegen Bundeskanzler Kohl hat denn der DGB das Jahr 1988 auch mit »ungewöhnlich scharfen Angriffen gegen die Bundesregierung und die sie tragende Koalition« eingeläutet und für die Zukunft noch härtere Auseinandersetzungen als bisher angekündigt.[88]

Als weiterer Bereich sich verschärfender Konflikte ist die zunehmende Existenzbedrohung durch Atomtechnologie und fortschreitende Umweltzerstörung zu nennen. Diese zur Verschärfung gesellschaftlicher Interessenkonflikte führende Entwicklung ist geeignet, das gesellschaftliche Bedürfnis nach einer »radikaleren« Opposition wachsen zu lassen und (somit) einer minderheitsstärkenden Reformierung des Rechts parlamentarischer Untersuchungsausschüsse zu mehr Durchschlagskraft zu verhelfen.

Ein Bewußtseinsmangel in der Bevölkerung spielt auch im Rahmen der dialektischen Beziehung von Öffentlichkeit und praktiziertem Untersuchungsverfahren eine Rolle. Zutreffend wurde festgestellt, daß durch die rechtliche Ausgestaltung (insbesondere durch die sinngemäße Anwen-

---

88 Vgl. FR vom 13.01.1988, S. 1.

dung der StPO) und die dadurch geprägte Verfahrenspraxis in der Öffentlichkeit die Vorstellung eines objektiven (straf-)gerichtsähnlichen Verfahrens geweckt und gefördert wird.[89] Diese (Fehl-)Vorstellungen prägen eine bestimmte Erwartungshaltung der Öffentlichkeit gegenüber der Untersuchungspraxis, die wiederum derart auf den Untersuchungsausschuß zurückwirkt, daß dieser tendenziell unter den Druck gerät, ein den Erwartungen entsprechendes objektives Verfahren zu praktizieren.

Es gilt, eine Gesamtsituation zu schaffen, in der ein parlamentarisches Untersuchungsverfahren als Mittel der parlamentarischen Auseinandersetzung der Parteien für die Öffentlichkeit transparent praktiziert werden kann.

Vorrangiges Ziel muß daher die Schaffung eines speziellen Verfahrensgesetzes für Untersuchungsausschüsse sein, und zwar nicht nur unter dem Aspekt einer »passenderen« Regelung, sondern auch unter dem Gesichtspunkt der bewußtseinsbildenden Dokumentation der »parteipolitischen Komponente des Enquête-Verfahrens, der unauflöslichen Synthese von Politik und Sachverhaltsermittlung unter den Bedingungen einer parlamentarischen Untersuchung.«[90] Darauf aufbauend könnten dann auch die Ausschußmitglieder selbst und die Medien zur Bewußtmachung der Eigengesetzlichkeit des Untersuchungsverfahrens beitragen.

Ein häufig zu vernehmendes Argument gegen den Ausbau der Minderheitsrechte ist das der Angst vor Mißbrauch durch eine erstärkte politische Opposition.[91] Einmal vorausgesetzt, daß es sich dabei nicht nur um ein (Schein-)Argument handelt, hinter dem sich das Machterhaltungsinteresse der politischen Mehrheit verbirgt, läßt sich diesem Einwand entgegenhalten, daß ein Untersuchungsverfahren wegen seiner Publizität und der Schärfe des angestrebten Unwerturteils grundsätzlich auch ein politisches Risiko für die »angreifende« politische Gruppe ist. Zum einen ist für die Opposition die Untersuchung nur erfolgreich, wenn sie der Regierung und/oder der sie tragenden parlamentarischen Mehrheit einen konkreten Mißstand anlasten oder doch zumindest einen »Schuldigen«

---

89 Vgl. *Schäfer* (Fn. 80), S. 502; SPD-Sondervotum zum »Neue Heimat«-Abschlußbericht (BT-Drucks. 10/6779), Tz. 455; natürlich wird auch das Selbstverständnis der Ausschußmitglieder davon geprägt.
90 *Kipke* (Fn. 10), S. 230.
91 Vgl. Abschlußbericht des »Flick«-Ausschusses, BT-Drucks. 10/5079, Tz. 454; *Steffani* (Fn. 3), S. 170, 175, 176, der im Falle des Mißbrauchs des Intruments der Untersuchung eine Neigung der Mehrheit feststellt, den allgemeinen Kompetenzbereich der Untersuchungsausschüsse einzuengen.

vorweisen kann, der ihrer Initiative die notwendige Rechtfertigung gibt. Anderenfalls trifft sie selbst der öffentliche Makel einer falschen Anschuldigung. Schließlich bewirkt das Kontrollmoment der Öffentlichkeit indirekt ein gewisses Maß an Objektivität und Fairneß. Ein überzogenes Angriffsverhalten birgt die Gefahr negativer Auswirkungen auf das Ansehen der Opposition in der Öffentlichkeit.
Darüber hinaus wird u.E. – wenn man das verstärkte Bedürfnis der Opposition nach öffentlichkeitswirksamer Darstellung auch als Kompensation mangelnder Kontrollbefugnisse auffaßt – die durch den Ausbau der Minderheitsrechte wiederhergestellte Kontrollfunktion gegenüber der politisch-propagandistischen Funktion des Untersuchungsausschusses an Dominanz gewinnen.

Andreas Olschewski

Verweigerung der Herausgabe von Akten an parlamentarische Untersuchungsausschüsse aus Gründen des Staatswohls

Vorbemerkung

Das für das Verhältnis parlamentarischer Untersuchungsausschüsse zur Exekutive außerordentlich bedeutsame sogenannte Flick-Urteil des Bundesverfassungsgerichts[1] hat vorläufig einen Schlußpunkt unter eine rechtswissenschaftliche Diskussion gesetzt, die bereits unmittelbar nach Inkrafttreten der Weimarer Reichsverfassung aufgenommen wurde. Die Frage, ob und inwieweit die Exekutive die Herausgabe behördlicher Akten aus Gründen des Staatswohls verweigern kann, ist seit Jahrzehnten kontrovers erörtert worden. Das Bundesverfassungsgericht hat in seiner Entscheidung auf diese Diskussion und auf die Entstehungsgeschichte der einschlägigen Bestimmungen der Weimarer Reichsverfassung und des Grundgesetzes in einem Abriß rekurriert,[2] hat dabei allerdings primär die Aspekte betont, die das Ergebnis stützen, das Recht auf Einsichtnahme in die Akten der Regierung sei Bestandteil des Rechts parlamentarischer Untersuchungsausschüsse, die erforderlichen Beweise zu erheben.[3]

Hinsichtlich der Anwendbarkeit des § 96 StPO hat das Bundesverfassungsgericht in seinen entstehungsgeschichtlichen Anmerkungen lediglich darauf hingewiesen, daß die Bezugnahme auf die Vorschriften der Strafprozeßordnung nur deshalb in Artikel 34 WRV aufgenommen worden sei, um dem Recht der Zeugeneinvernahme das Recht des Zeugniszwanges und der Zeugenvereidigung hinzuzufügen.[4] Dieser Gesichtspunkt spricht bei der vom Bundesverfassungsgericht im übrigen unterstellten

---

1 BVerfGE 67, 100.
2 BVerfGE 67, 100 (130 ff.).
3 BVerfGE 67, 100 (130).
4 BVerfGE 67, 100 (131).

Gleichgerichtetheit der Bestimmungen des Artikels 34 WRV und des Artikels 44 GG[5] eher gegen die Anwendbarkeit des § 96 StPO auf Aktenherausgabeverlangen parlamentarischer Untersuchungsausschüsse, die das Bundesverfassungsgericht letztlich bejaht hat.

In den folgenden Darlegungen sollen die Gesichtspunkte aus der Entstehungsgeschichte des Artikels 34 WRV und des Artikels 44 GG sowie aus der diesbezüglichen rechtswissenschaftlichen Diskussion eingehender entfaltet werden, die im Hinblick auf den der Entscheidung des Bundesverfassungsgerichts zugrundeliegenden Konflikt bedeutsam sind (Abschnitte 1 und 2). Dabei sollen auch die Aspekte hervorgehoben werden, die die Anwendbarkeit des § 96 StPO zu begründen vermögen. Da die Anwendbarkeit des § 96 StPO stets im Zusammenhang mit der Anwendbarkeit des § 54 StPO diskutiert worden ist, dieser Fall aber nicht Gegenstand der Organstreitentscheidung des Bundesverfassungsgerichts war, soll in Abschnitt 3 die Frage der Übertragbarkeit der Entscheidung des Bundesverfassungsgerichts auf die Verweigerung der Aussagegenehmigung aus Gründen des Staatswohls kurz erörtert werden. In Abschnitt 4 soll die vom Bundesverfassungsgericht vorgenommene Subsumtion von Gesichtspunkten des Grundrechtsschutzes und öffentlicher Interessen von hohem Rang – hier des Interesses an der gleichmäßigen Besteuerung –[6] unter den Begriff des Staatswohls problematisiert werden. Schließlich soll die Frage erörtert werden, inwieweit das Spannungsverhältnis zwischen dem Schutz des Dienstgeheimnisses aus Gründen des Staatswohls einerseits und dem Aufklärungsinteresse parlamentarischer Untersuchungsausschüsse andererseits aufgrund der Entscheidung des Bundesverfassungsgerichts im Hinblick auf die praktische Arbeit parlamentarischer Untersuchungsausschüsse als gelöst betrachtet werden kann.

1. *Zur Entstehungsgeschichte des Artikels 34 WRV*

Die Forderungen nach der Statuierung eines parlamentarischen Untersuchungsrechts in Deutschland schlossen von Anfang an die Forderung ein, daß den Untersuchungsausschüssen die einschlägigen behördlichen Akten zugänglich sein müßten. Mit dem Wunsch nach einem Aktenvorlagerecht zugunsten der Untersuchungsausschüsse war untrennbar die Einsicht verbunden, daß in den Akten Sachverhalte wiedergegeben sein

---

5 BVerfGE 67, 100 (132).
6 BVerfGE 67, 100 (140).

könnten, die der Geheimhaltung bedürften, die also nicht oder nur unter einschränkenden Bedingungen zum Gegenstand der öffentlichen Beweiserhebung gemacht werden könnten. So forderte der Abgeordnete *Rösler* in der Deutschen Konstituierenden National-Versammlung zu Frankfurt in einem Antrag, die Exekutive solle zu »jeder amtlichen Auskunft, namentlich zur Vorlage der nöthigen Urkunden, amtlichen Schriften, Berichte usw. an die Nationalversammlung selbst oder an den betreffenden Ausschuß derselben« verpflichtet werden. Er fügte hinzu: »In Fällen, welche Geheimhaltung erfordern, werden die nöthigen Vorkehrungen dafür jedesmal besonders angeordnet.«[7]

Auch *Max Weber* war sich bewußt, daß die verfassungsrechtliche Garantie des Untersuchungsrechts als Minderheitsrecht verbunden sein müsse mit Garantien in andere Richtungen, nämlich hinsichtlich des Schutzes geheimhaltungsbedürftiger Sachverhalte; er nannte in diesem Zusammenhang den Schutz technischer Betriebsgeheimnisse der Unternehmen, militärischer Geheimnisse und des Inhalts schwebender Verhandlungen der auswärtigen Politik.[8]

Da es bei der Auseinandersetzung über die Gestaltung der Verfassung für ein demokratisches Deutschland primär darum ging, das Untersuchungsrecht des Parlaments – ausgestaltet als Minderheitsrecht – erstmals in die Verfassung des Deutschen Reiches einzuführen, ist es nicht verwunderlich, daß mögliche Vorkehrungen zum Schutz geheimhaltungsbedürftiger Sachverhalte kaum erörtert worden sind. Artikel 55 des Entwurfs einer Verfassung des Deutschen Reiches vom 21. Februar 1919, der der Verfassunggebenden Deutschen Nationalversammlung vorgelegt wurde, sah keinerlei Bestimmungen – ausgenommen den Grundsatz der Öffentlichkeit der Beweiserhebungen – bezüglich des Verfahrens im Untersuchungsausschuß vor. Der hier interessierende Absatz 2 lautete:

»Alle Gerichte und Verwaltungsbehörden sind verpflichtet, dem Ersuchen dieser Ausschüsse um Beweiserhebungen Folge zu leisten; die Akten der Behörden sind ihnen auf Verlangen vorzulegen.«[9]

---

7 Verh. der Deutschen Konstituierenden National-Versammlung zu Frankfurt am Main, Sten. Ber. Bd. 1, S. 194.
8 Vgl. *Max Weber*, Parlament und Regierung im neugeordneten Deutschland. Zur politischen Kritik des Beamtentums und Parteiwesens, München und Leipzig 1918, S. 67.
9 Verfassunggebende Deutsche Nationalversammlung, Drucksache Nr. 59, zitiert nach: *Triepel*, Quellensammlung zum Deutschen Reichsstaatsrecht, 4., durchges. und erg. Aufl., Tübingen 1926, S. 22, 29. (Die Fassungen der früheren Entwürfe können unberücksichtigt bleiben, weil sie bezüglich des hier insbesondere interessierenden Absatzes 2 keine andere Regelung vorsahen.)

Der Achte (Verfassungs-)Ausschuß der Verfassunggebenden Nationalversammlung, dem der Entwurf zur Beratung überwiesen worden war, empfand diese Fassung als unzureichend. Bei der erstmaligen Beratung des Artikels 55 in der 25. Sitzung am 8. April 1919[10] wurde unter anderem die Frage erörtert, inwieweit es dem Untersuchungsausschuß gestattet werden sollte, die Öffentlichkeit von den Beweiserhebungen auszuschließen. – Reichsinnenminister *Dr. Preuß* wies darauf hin, daß die Öffentlichkeit obligatorisch sein solle, weil nur dadurch der Schutz der Minderheit gewährleistet werde.[11] Die Ausschußmitglieder waren hingegen mehrheitlich der Auffassung, daß die Möglichkeit des Ausschlusses der Öffentlichkeit bestehen solle; die Notwendigkeit hierzu könne sich aus dem Gang der Untersuchung ergeben.[12] Zum Schutz der Minderheit wurde ein hohes Quorum vorgesehen (zunächst Einstimmigkeit, in der Beschlußempfehlung für das Plenum der Nationalversammlung Zweidrittelmehrheit).[13] Dabei wurde die Erwartung geäußert, daß vom Mittel des Ausschlusses der Öffentlichkeit verantwortungsbewußt Gebrauch gemacht werde.[14]

Das zweite Thema der Beratungen, das in diesem Zusammenhang von Interesse ist, bildete die Frage des Zeugnis- und Eideszwanges. – Geheimer Regierungsrat *Zweigert* vom Reichsjustizministerium führte aus, soweit der Untersuchungsausschuß selbst Zeugen vernehme, sei es nach der in Aussicht genommenen Fassung des Artikels 55 zweifelhaft, ob er diese auch vereidigen dürfe; ferner habe der Untersuchungsausschuß kein Mittel, das Erscheinen eines Zeugen zu erzwingen. Dieser Mangel könne durch den Erlaß von Verfahrensbestimmungen oder dadurch ausgeräumt werden, daß auf die Beweiserhebungen der Untersuchungsausschüsse die Vorschriften der Strafprozeßordnung sinngemäße Anwendung fänden. – Der Ausschuß folgte dem zweiten Vorschlag.[15] Die hier interessierenden Absätze 2 und 3 des Artikels 34 – im Entwurf: Artikel 55 – wurden der Nationalversammlung in folgender Fassung zur Annahme empfohlen:

»Die Gerichte und Verwaltungsbehörden sind verpflichtet, dem Ersuchen dieser Ausschüsse um Beweiserhebungen Folge zu leisten; die Akten der Behörden sind ihnen auf Verlangen vorzulegen.

10 Verh. der Verfassunggebenden Deutschen Nationalversammlung, Sten. Ber., Bd. 336, Aktenstück Nr. 391.
11 Ebenda, S. 265.
12 Ebenda, S. 265.
13 Ebenda, S. 5, 266.
14 Ebenda, S. 266.
15 Ebenda, S. 266.

Auf die Erhebungen der Ausschüsse und der von ihnen ersuchten Behörden finden die Vorschriften der Strafprozeßordnung sinngemäße Anwendung, doch bleibt das Brief-, Post-, Telegraphen- und Fernsprechgeheimnis unberührt.«[16]

Vor dem Plenum führte der Berichterstatter Abg. *Katzenstein* aus:

»Die Akten der Behörden sind den Ausschüssen vorzulegen. Außerdem ist vorgesehen, daß unter Aufrechterhaltung des Brief-, Post-, Telegraphen- und Fernsprechgeheimnisses im übrigen diese Ausschüsse und die von ihnen ersuchten Behörden nach den Vorschriften der Strafprozeßordnung vorgehen sollen. Danach wird ihnen also das Recht zustehen, die Zeugen vorzuladen, diese Zeugen auch eidlich zu vernehmen. Alle Rechte, die einem Strafgericht in dieser Hinsicht zustehen, werden diesen Ausschüssen übertragen.«[17]

In der rechtswissenschaftlichen Literatur der Weimarer Zeit wurde mehrheitlich die Auffassung vertreten, Artikel 34 WRV unterscheide zwischen der Aktenvorlage auf der einen und der Beweiserhebung auf der anderen Seite; da das Beweiserhebungsrecht und das Recht der Akteneinsicht als selbständige Befugnisse nebeneinandergestellt seien und die Vorschriften der Strafprozeßordnung lediglich auf die Beweiserhebungen und nicht auf die sonstigen Befugnisse der Ausschüsse anzuwenden seien, könne § 96 StPO keine Anwendung finden.[18]

Die Mindermeinung begegnete dem mit dem Einwand, es sei folgewidrig, daß nach dieser Interpretation § 54 StPO anzuwenden sei (und somit die Erteilung einer Aussagegenehmigung für einen Beamten unter den dort genannten Voraussetzungen verweigert werden durfte), während die Vorlage von Akten auch aus Gründen des Wohls des Reichs oder eines Landes nicht verweigert werden dürfe.[19] Die Mindermeinung faßte die Beiziehung von Behördenakten als Teil des Beweiserhebungsverfahrens auf und bejahte daher auch die Anwendbarkeit des § 96 StPO.[20] Der

---

16 Ebenda, S. 4 f.
17 Verh. der Verfassunggebenden Deutschen Nationalversammlung, Sten. Ber., 45. Sitzung am 3. Juli 1919, S. 1264.
18 So etwa *Heck*, Das parlamentarische Untersuchungsrecht, Stuttgart 1925, S. 69, unter Berufung auf *Hatschek*, Deutsches und Preußisches Staatsrecht, Bd. 1, 1922, S. 615 ff. Ausführliche Nachweise bei *Löwer*, Untersuchungsausschuß und Steuergeheimnis, DVBl. 1984, S. 761, Anm. 31.
19 So etwa *Lammers*, Parlamentarische Untersuchungsausschüsse, in: Anschütz/Thoma, Handbuch des Deutschen Staatsrechts, Tübingen 1932, Bd. 2, S. 473, Anm. 140.
20 So etwa *Lammers* (Fn. 19), S. 473. Ausführliche Nachweise bei *Löwer* (Fn. 18), S. 761, Anm. 32 bis 37.

Widerspruch zwischen einem unbeschränkten Akteneinsichtsrecht und einem beschränkten Zeugenvernehmungsrecht – soweit es Amtsträger betrifft – war nach Auffassung *Hecks* durch einen »Fehler im Gesetz« begründet.[21]

Ehmke wandte sich gegen die Auffassung der herrschenden Lehre der Weimarer Zeit. Er führte aus, schon Aufbau und Wortlaut des Artikels 34 WRV sprächen gegen die überwiegende Interpretation: In Absatz 1 werde das Beweiserhebungsrecht geregelt, in Absatz 2 die Rechts- und Amtshilfepflicht der Behörden – unter ausdrücklicher Erwähnung der Aktenvorlagepflicht – und in Absatz 3 die sinngemäße Anwendung der Vorschriften der Strafprozeßordnung. Selbst wenn man ein besonderes Akteneinsichtsrecht der Untersuchungsausschüsse neben dem Beweiserhebungsrecht annähme, käme man nicht zu dem von der herrschenden Lehre der Weimarer Zeit vertretenen widerspruchsvollen Ergebnis; denn dann wäre noch zu prüfen, ob § 54 StPO tatsächlich auf das Verfahren der Untersuchungsausschüsse sinngemäß anzuwenden sei und ob das aus der Amtshilfepflicht folgende Akteneinsichtsrecht wenn nicht durch § 96 StPO, so doch durch Grundsätze des Amtshilferechts selbst – zum Beispiel bezüglich der Geheimhaltung – eingeschränkt werde.[22]

Fest steht, daß der Weimarer Verfassungsgeber »als Grenze der Beweiserhebung ... die verfassungsfesten Geheimnisse eingeführt« hat.[23] Sicher ist ferner, daß der Verfassungsgeber – unstreitig zumindest hinsichtlich der Vernehmung von Zeugen – dem Untersuchungsausschuß die gleichen Befugnisse wie einem Strafgericht hat geben wollen. Folgert man daraus, daß dem Untersuchungsausschuß die weitreichenden Befugnisse eines Strafgerichts nicht unbeschränkt, sondern, soweit eine sinngemäße Anwendung der Strafprozeßordnung geboten ist, auch unter Berücksichtigung der den Strafgerichten auferlegten Beschränkungen hatten gewährt werden sollen und somit § 54 StPO anwendbar ist, so ist es schon von daher nicht abwegig, eine Beschränkung des Rechts zur Beiziehung von Behördenakten im Sinne des § 96 StPO anzunehmen. Schließlich ist darauf hinzuweisen, daß der Weimarer Verfassungsgeber die Möglichkeit in den Blick genommen hat, daß durch den Ausschluß der Öffentlichkeit berechtigten Geheimhaltungsinteressen Rechnung getragen werden

---

21 *Heck* (Fn. 18), S. 69.
22 *Ehmke,* Parlamentarische Untersuchungsausschüsse und Verfassungsschutzämter, DÖV 1956, S. 418.
23 *Löwer* (Fn. 18), S. 761.

kann.[24] Insgesamt wird man nicht uneingeschränkt behaupten können, daß die Formulierung des Artikels 34 Abs. 3 WRV »ohne Bewußtsein ihrer vollen Tragweite geschaffen worden ist«.[25]

Auch auf seiten derjenigen, die die Anwendbarkeit des § 96 StPO verneinten, wurde in Rechnung gestellt, daß Behördenakten und insbesondere Akten aus schwebenden Strafverfahren nicht in jedem Fall ohne weiteres zum Gegenstand der öffentlichen Beweiserhebung gemacht werden konnten. Hieraus wurden Forderungen in zwei Richtungen abgeleitet: Während *Rosenberg* vorschlug, durch eine ausdrückliche Bestimmung klarzustellen, daß § 96 StPO auch im Verfahren vor den Untersuchungsausschüssen anwendbar sei,[26] hielt es *Alsberg* für nicht notwendig und unter Umständen für gefährlich, die Verpflichtung zur Aktenvorlage ausdrücklich zu beschränken;[27] er war der Auffassung, daß »nur eine Abwägung der beiderseitigen Interessen von Fall zu Fall Regeln dafür zeitigen (kann), wie Akten des schwebenden Verfahrens bei der öffentlichen Beweiserhebung zu verwerten sind.«[28] Er meinte, daß durch Konsultationen der Weg zu einer angemessenen Vorgehensweise im Einzelfall geebnet werden könne. »Feste Regeln lassen sich hier nicht statuieren; man muß dem politischen Takt vertrauen.«[29]

2. Zur Entstehungsgeschichte des Artikels 44 GG

Die Bestimmung des Artikels 44 GG geht zurück auf Artikel 57 HChE – erarbeitet vom Verfassungsausschuß der Ministerpräsidentenkonferenz der Westlichen Besatzungszonen; Konvent auf Herrenchiemsee vom 10. bis 23. August 1948 –, der im wesentlichen mit Artikel 34 WRV überein-

---

24 Angeführt wurden etwa »Gründe des öffentlichen Wohls« (Aktenstück Nr. 391 (Fn. 10), S. 266). Tatsächlich haben zum Schutz der Interessen schwebender Strafverfahren oder zum Schutz des Bankgeheimnisses Beweiserhebungen geheimer Sitzung stattgefunden (vgl. *Alsberg*, Gutachten über die Frage: Empfiehlt sich eine Abänderung der Bestimmungen über parlamentarische Untersuchungsausschüsse, um den ungestörten Verlauf des Strafverfahrens und die Unabhängigkeit des Richtertums sicherzustellen? In: Verh. des 34. DJT 1926, Berlin/Leipzig 1926, Bd. 1, S. 347).
25 *Heck* (Fn. 18), S. 54.
26 *Rosenberg*, Gutachten über die Frage: Empfiehlt sich eine Abänderung der Bestimmungen über parlamentarische Untersuchungsausschüsse, um den ungestörten Verlauf des Strafverfahrens und die Unabhängigkeit des Richtertums sicherzustellen? In: Verh. des 34. DJT, Berlin/Leipzig 1926, Bd. 1, S. 29.
27 *Alsberg* (Fn. 24), S. 382.
28 Ebenda, S. 382.
29 Ebenda, S. 383.

stimmte. Die in diesem Zusammenhang bedeutsamen Absätze 2 und 3 lauteten:

»(2) Der Untersuchungsausschuß und die von ihm ersuchten Behörden können in entsprechender Anwendung der Strafprozeßordnung die erforderlichen Beweise erheben, auch Zeugen und Sachverständige vorladen, vernehmen, beeidigen und das Zwangsverfahren gegen sie durchführen. Das Postgeheimnis bleibt unberührt. Die Gerichts- und Verwaltungsbehörden sind verpflichtet, einem Ersuchen des Ausschusses um Beweiserhebung, Beweissicherung, Auskunft oder Aktenvorlage Folge zu leisten.
(3) Der Untersuchungsausschuß kann die Öffentlichkeit mit Zweidrittelmehrheit ausschließen.«[30]

Das in der WRV ausdrücklich erwähnte Recht der Antragsteller, Beweiserhebungen zu verlangen, sollte entfallen. Es sollte klargestellt werden, daß die Strafprozeßordnung bei den Beweiserhebungen schlechthin und nicht allein bei Zeugenvernehmungen anzuwenden ist, was nach der hier vertretenen Auffassung allerdings bereits für Artikel 34 WRV galt. Neu war die Bestimmung des Absatzes 2 Satz 3, nach der die Gerichts- und Verwaltungsbehörden auch Ersuchen des Untersuchungsausschusses um Beweissicherung Folge leisten sollten.
In den ersten Beratungen in der 2., 6. und 11. Sitzung des Ausschusses für Organisationsfragen des Parlamentarischen Rates[31] erhielten die Absätze 2 und 3 des Artikels 57 die folgende Fassung (Stand vom 18. Oktober 1948):

»(2) Der Untersuchungsausschuß und die von ihm ersuchten Behörden können in entsprechender Anwendung der Strafprozeßordnung die erforderlichen Beweise erheben, auch Zeugen und Sachverständige vorladen, vernehmen, beeidigen und das Zwangsverfahren gegen sie durchführen. Das Postgeheimnis bleibt unberührt. Die Gerichts- und Verwaltungsbehörden sind verpflichtet, einem Ersuchen des Ausschusses um Beweiserhebung, Beweissicherung, Auskunft oder Aktenvorlage Folge zu leisten.
(3) Der Untersuchungsausschuß kann die Öffentlichkeit mit Zweidrittelmehrheit ausschließen.«[32]

---

30 *v. Doemming/Füsslein/Matz,* Entstehungsgeschichte der Artikel des Grundgesetzes, JöR, N.F. 1.1951, S. 366.
31 Entstehungsgeschichte (Fn. 30), S. 366 f., Anm. 2 bis 5, 7.
32 Parlamentarischer Rat. Grundgesetz für die Bundesrepublik Deutschland (Entwürfe). Formulierungen der Fachausschüsse, des Allgemeinen Redaktionsausschusses, des Hauptausschusses und des Plenums, Bonn 1948/49, S. 7.

Zu grundsätzlichen Erörterungen kam es in der 20. Sitzung des Organisationsausschusses am 5. November 1948. Der Abgeordnete *Dr. Löwenthal* (SPD) hielt es für überflüssig, sowohl in Absatz 2 Satz 1 als auch in Satz 3 auf die »ersuchten Behörden« Bezug zu nehmen; es sei wohl nicht gewollt, daß der Untersuchungsausschuß Befugnisse delegiere; der Untersuchungsausschuß führe vielmehr die Beweiserhebungen selbst durch. Im übrigen sollten nicht in Satz 1 die Möglichkeiten der Strafprozeßordnung im einzelnen aufgezählt werden.[33] Der Abgeordnete schlug für den Satz 1 die folgende Formulierung vor:

»Der Untersuchungsausschuß kann alle Anordnungen treffen, um die erforderlichen Beweise zu erheben und zu sichern.«[34]

Der Satz 3 sollte nach Auffassung des Abgeordneten die folgende Fassung erhalten:

»Alle Gerichts- und Verwaltungsbehörden sind verpflichtet, einem Ersuchen des Ausschusses um Rechtshilfe Folge zu leisten.«[35]

Auf eine Rückfrage des Ausschußvorsitzenden *Dr. Katz* (SPD) hin erklärte der Abgeordnete *Dr. Löwenthal,* er halte den Verweis auf die Strafprozeßordnung für überflüssig, da der Bundestag »ohnehin seine Befugnis nicht derart überschreiten wird, als daß er als demokratisches Organ unzulässige Anordnungen trifft.«[36] Der Ausschußvorsitzende hingegen war der Ansicht, der Verweis auf die Strafprozeßordnung sei erforderlich, damit der Untersuchungsausschuß die Möglichkeit habe, gegen einen unwilligen Zeugen einzuschreiten.[37]

Die Abgeordnete *Dr. Selbert* (SPD) trat der Auffassung des Vorsitzenden bei. Sie meinte, der Untersuchungsausschuß könne »nicht ein freies Beweisverfahren erfinden ... Im Interesse der Rechtssicherheit müssen hier bestimmte Grenzen gezogen werden ... Ich halte das deshalb für wichtig, weil hier auch gewisse Zwangsmittel angewendet werden müssen, deren

---

33 Parlamentarischer Rat, Ausschuß für Organisationsfragen, 20. Sitzung am 5. November 1948, Sten. Prot., S. 25.
34 Ebenda, S. 26.
35 Ebenda, S. 26.
36 Ebenda, S. 26.
37 Ebenda, S. 26.

Zulässigkeit sonst bestritten werden könnte.«[38] Im übrigen setzte sich die Abgeordnete dafür ein, die Pflicht der Behörden zur Aktenvorlage – wie im Entwurf vorgesehen – gesondert zu erwähnen, da diese nicht unter den Begriff der Rechtshilfe falle.[39]

Für die Beibehaltung einer Bestimmung, nach der der Untersuchungsausschuß die Öffentlichkeit von den Beweiserhebungen ausschließen kann, wurde unter anderem das Argument angeführt, daß es sich in gewissen Fällen um Dinge handele, die einfach geheimgehalten werden müßten.[40]

Der Ausschuß verständigte sich auf die folgende Fassung der Absätze 2 und 3:

»(2) Der Untersuchungsausschuß kann in entsprechender Anwendung der Strafprozeßordnung alle Anordnungen treffen, die er zum Zwecke der Beweiserhebung und Beweissicherung für erforderlich hält. Das Postgeheimnis bleibt unberührt. Alle Gerichts- und Verwaltungsbehörden sind verpflichtet, einem Ersuchen des Ausschusses um Aktenvorlage und Rechtshilfe Folge zu leisten.
(3) Der Untersuchungsausschuß verhandelt öffentlich. Die Öffentlichkeit kann mit Zweidrittelmehrheit ausgeschlossen werden.«[41]

Der Allgemeine Redaktionsausschuß empfahl, die Absätze 2 und 3 in drei Absätze mit folgendem Wortlaut aufzugliedern (Stand vom 10. November 1948):

»(2) Der Untersuchungsausschuß erhebt in öffentlicher Verhandlung die erforderlichen Beweise. Die Öffentlichkeit kann vom Untersuchungsausschuß mit Zweidrittelmehrheit beschlossen werden.
(3) Die Gerichte und Verwaltungsbehörden sind verpflichtet, einem Ersuchen des Ausschusses um Aktenvorlage und Rechtshilfe Folge zu leisten.
(4) Auf die Erhebung des Ausschusses und der von ihm ersuchten Behörden finden die Vorschriften der Strafprozeßordnung sinngemäß Anwendung. Das Brief-, Fernsprech- und Postgeheimnis bleibt unberührt.«[42]

---

38 Ebenda, S. 27. Das Argument, nach dem durch die Bezugnahme auf die Strafprozeßordnung im Interesse der Rechtssicherheit bestimmte Grenzen für das Verfahren der Untersuchungsausschüsse gezogen würden, fand als einziges Eingang in den schriftlichen Bericht für das Plenum des Parlamentarischen Rats (s. hierzu Schriftl. Ber., Anlage zum Sten. Ber. über die 9. Sitzung des Parlamentarischen Rates, S. 23).
39 Ebenda, S. 27.
40 So Abg. *Walter* (CDU), ebenda, S. 39.
41 Ebenda, S. 40.
42 Parlamentarischer Rat, Entwürfe (Fn. 32), S. 24.

In dieser Fassung lag die Vorschrift dem Hauptausschuß in dessen erster Lesung in der 2. Sitzung am 11. November 1948 vor. Insbesondere im Hinblick auf Befugnisse der Sitzungspolizei, aber durchaus in dem Bewußtsein, daß die Vorschriften des Gerichtsverfassungsgesetzes, soweit sie den Strafprozeß betreffen, sinngemäß anwendbar sein sollten, empfahl der Hauptausschuß, in Absatz 4 in der vom Redaktionsausschuß vorgeschlagenen Fassung die Worte »der Strafprozeßordnung« durch die Worte »über den Strafprozeß« zu ersetzen.[43]

In den weiteren Beratungsgängen blieben die hier interessierenden Absätze 2 bis 4 des Artikels 57 – bis auf die Ersetzung des Wortes »Erhebungen« durch das Wort »Beweiserhebungen« in Absatz 4 – zunächst unverändert.[44] Auch in der dritten Lesung des Hauptausschusses wurden die Absätze 2 bis 4 nicht geändert.[45] Gleichwohl ist in der Zusammenstellung der Beschlüsse des Hauptausschusses in dritter Lesung – Stand vom 10. Februar 1949 – der Absatz 2 in einer Fassung wiedergegeben, derzufolge die Öffentlichkeit mit einfacher Mehrheit von der Beweiserhebung ausgeschlossen werden konnte, da das bislang vorgesehene Quorum der Zweidrittelmehrheit entfallen war.[46]

Zur vierten Lesung legte der Allgemeine Redaktionsausschuß dem Hauptausschuß die folgende Neufassung des Artikels 57 vor:

»(1) Der Volkstag hat das Recht und auf Antrag eines Viertels seiner Mitglieder die Pflicht, einen Untersuchungsausschuß einzusetzen, der in öffentlicher Verhandlung die erforderlichen Beweise erhebt. Die Öffentlichkeit kann ausgeschlossen werden.
(2) Auf Beweiserhebungen finden die Vorschriften über den Strafprozeß sinngemäß Anwendung. Das Brief-, Post- und Fernmeldegeheimnis bleibt unberührt.
(3) Gerichte und Verwaltungsbehörden sind zur Rechts- und Amtshilfe verpflichtet.
(4) . . .«[47]

---

43 Parlamentarischer Rat, Sten. Ber. über die 2. Sitzung des Hauptausschusses, S. 15.
44 Vgl. Parlamentarischer Rat, Entwürfe (Fn. 32), S. 55, 94 f., 138, 179 f.
45 Parlamentarischer Rat, Sten. Ber. über die 48. Sitzung des Hauptausschusses, S. 632; Beschlußfassung auf der Grundlage der Empfehlung des Fünferausschusses: Parlamentarischer Rat, Entwürfe (Fn. 32), S. 179 f.
46 Parlamentarischer Rat, Entwürfe (Fn. 32), S. 208. Wie es zur Streichung des Quorums kam, ist nicht nachzuvollziehen, zumal auch die Sekundärliteratur hierauf keinerlei Hinweis gibt. Es dürfte sich um einen Fehler in der Beschlußempfehlung handeln (vgl. hierzu auch Fn. 48).
47 Parlamentarischer Rat, Entwürfe (Fn. 32), S. 208, rechte Spalte.

Da über die Beratungen des Allgemeinen Redaktionsausschusses nicht Protokoll geführt wurde, sind die Motive für die Neufassung unklar.[48] Der Hauptausschuß nahm diese Fassung ohne Aussprache an.[49] Sie wurde schließlich durch das Plenum des Parlamentarischen Rates bestätigt.

Bis hierher läßt sich festhalten: Das Quorum für den Ausschluß der Öffentlichkeit und die ausdrückliche Erwähnung der Verpflichtung der Behörden, Ersuchen des Untersuchungsausschusses um Aktenvorlage Folge zu leisten, wurden gestrichen, ohne daß die Gründe dafür heute noch nachvollziehbar wären. Der Verfassungsgeber war sich bewußt, daß durch die Verweisung auf die Vorschriften über den Strafprozeß dem Untersuchungsausschuß sowohl Befugnisse gegeben als auch Schranken gesetzt wurden. Durch die Einbeziehung zumindest auch des Gerichtsverfassungsgesetzes wurden zusätzliche Verfahrensbestimmungen für sinngemäß anwendbar erklärt.

Abweichend von der Auffassung, die im Ausschuß für Organisationsfragen geäußert worden war, wurde die Beiziehung von Behördenakten entweder als eine Form der Beweiserhebung, auf die die Vorschriften über den Strafprozeß sinngemäß anzuwenden wären, oder als – das ist weniger wahrscheinlich – Vorgang der Amtshilfe aufgefaßt.[50]

2.1 *Schränkt Artikel 44 GG gegenüber Artikel 34 WRV den Aktenvorlageanspruch des Untersuchungsausschusses ein?*

Die Frage ist zu verneinen, wenn man *Ehmkes* Auffassung folgt, ein selbständiges Akteneinsichtsrecht neben dem Beweiserhebungsrecht gebe es weder nach Artikel 34 WRV noch nach Art. 44 GG. Die Vorschrift über die Rechts- und Amtshilfe dehne die Beweiserhebungsbefugnis – einschließlich der Befugnis zur Akteneinsicht – nicht aus, sondern stelle lediglich ein Mittel zu ihrer Ausübung bereit. Daraus folge, daß den Untersuchungsausschüssen aufgrund ihrer sekundären Kompetenz zur Inan-

---

48 Die Neufassung beruhte offenbar auf dem Antrag der Abg. *Dr. Greve, Dr. Katz* und *Zinn* in der Drucks. 717 des Parlamentarischen Rates. Entsprechend der – vermutlich fehlerhaften – Beschlußempfehlung des Hauptausschusses sah der Antrag ein Quorum für den Ausschluß der Öffentlichkeit nicht vor. Allerdings war in Abs. 3 die Verpflichtung der Gerichte und Behörden zur Aktenvorlage noch ausdrücklich erwähnt.
49 Parlamentarischer Rat, Sten. Ber. über die 57. Sitzung des Hauptausschusses, S. 752; Parlamentarischer Rat, Entwürfe (Fn. 32), S. 245. (Die Bezeichnung »Volkstag« wurde allgemein durch den Begriff »Bundestag« ersetzt.)
50 Das zweite meint *Löwer* (Fn. 18), S. 763.

spruchnahme von Rechts- und Amtshilfe nicht ein über ihre primäre Kompetenz zur Beweiserhebung hinausgehendes Recht auf Akteneinsicht zustehen könne.[51]
Folgt man dieser Auffassung nicht, so bleibt festzuhalten, daß die Untersuchungsausschüsse unter die Adressaten der Artikel 1 Abs. 3 und 20 Abs. 3 GG fallen und damit an das Grundgesetz, aber auch an die Gesetze gebunden sind.[52] Selbst wenn den Untersuchungsausschüssen durch eine Verfassungsbestimmung neben dem Beweiserhebungsrecht ein Akteneinsichtsrecht eingeräumt wäre, wäre nach den Normen zu fragen, die Anhaltspunkte für die Grenzen dieses Rechts lieferten. Denn auch dann wären die Behörden nicht verpflichtet, einem rechts- oder verfassungswidrigen Ersuchen Folge zu leisten.[53]

2.2 *Anwendbarkeit des § 96 StPO*

Die Frage, ob § 96 StPO auf die Beweiserhebung durch die Beiziehung von Behörden- und Gerichtsakten anwendbar ist, wird nach vorherrschender, wenn auch umstrittener Meinung bejaht.[54] Wenn auch das Maß und die Kriterien für die Anwendbarkeit des § 96 StPO umstritten sind, so dürfte feststehen, »daß sowohl die Zeugenaussage eines Beamten als auch die Vorlage von Akten stets der Genehmigung der in §§ 96 StPO, 62 BBG, 39 BRRG genannten Stellen bedarf«.[55]
Ehmke ist darin zuzustimmen, daß die Antwort auf die Frage nach der Anwendbarkeit der §§ 54, 96 StPO aus dem einheitlichen Gesichtspunkt der Abwägung zwischen dem verfassungsmäßigen Untersuchungsrecht des Parlaments einerseits und dem Geheimhaltungsinteresse der Behörden und der Regierung andererseits zu entwickeln sei[56] und daß es ferner einer Abwägung des öffentlichen Interesses an einer parlamentarischen Untersuchung (anstelle des staatlichen Strafverfolgungsinteresses) mit den in den StPO-Vorschriften berücksichtigten Geheimhaltungsinteres-

---

51 *Ehmke* (Fn. 22), S. 418.
52 *Maunz*, in: Maunz/Dürig, Kommentar zum Grundgesetz, München 1987, Art. 44, Rdnr. 17. Ebenso: *v. Mangoldt/Klein*, Das Bonner Grundgesetz. 2., neu bearbeitete und vermehrte Auflage, Berlin und Frankfurt/M. 1964, Band 2, S. 945.
53 Für die WRV: *Lammers* (Fn. 19), S. 472.
54 *Rechenberg*, (Zweitbearbeitung), in: Bonner Kommentar, Art. 44, Rdnr. 27. *Maunz* (Fn. 52), Art. 44, Rdnr. 56 f. Anders etwa *Löwer* (Fn. 18), S. 763.
55 *Maunz* (Fn. 52), Art. 44, Rdnr. 57.
56 *Ehmke* (Fn. 22), S. 418.

sen bedürfe.[57] Nicht ohne weiteres zuzustimmen ist *Ehmke* allerdings in der Auffassung, »daß das Interesse an einer Untersuchung und Aufdeckung von Mißständen im öffentlichen Leben gegenüber dem staatlichen Strafverfolgungsinteresse nicht nur andersartig, sondern auch ranghöher ist.«[58] Dieses Postulat setzt das voraus, was eigentlich erst zu beweisen ist.[59] Im übrigen verkennt es die Bedeutung, die die Funktionsfähigkeit der Strafgerichtsbarkeit in unserer Rechtsordnung hat. In Frage stehen nämlich nicht nur das staatliche Strafverfolgungsinteresse und die richtige Entscheidung im Einzelfall:

> »Bundesverfassungsgericht und Bundesgerichtshof sehen die Sperrerklärung im Spannungsfeld zwischen gerichtlicher Aufklärungspflicht und staatlichem Geheimhaltungsinteresse bei der Erfüllung ›verfassungsmäßig legitimierter staatlicher Aufgaben‹ (BVerfGE 57, 250 (284)) und verlangen für die Entscheidung eine Abwägung der im Spannungsfeld stehenden Rechtsgüter. Das ist auf der einen Seite der hohe Rang der gerichtlichen Wahrheitsfindung für die Sicherung der Gerechtigkeit und das Gewicht des Freiheitsanspruches des Beschuldigten. Dabei betont das Bundesverfassungsgericht, daß das Staatswohl und die Wahrung öffentlicher Belange es auch erfordern, sowohl die Grundrechte einzelner zu schützen und niemanden einer ungerechtfertigten Verurteilung auszuliefern als auch den Strafanspruch durchzusetzen (BVerfGE 57, 250 (284)).«[60]

Dies verdeutlicht, daß bei der Entscheidung über die Herausgabe von Akten an ein Strafgericht Rechtsgüter abzuwägen sind, die nicht grundsätzlich niedrigerrangig sind als diejenigen, die beim Ersuchen eines Untersuchungsausschusses um Aktenvorlage in Rede stehen. Mit der Argumentation *Ehmkes* kann also nicht belegt werden, daß die Abwägung im Falle des Ersuchens eines Untersuchungsausschusses *prinzipiell* eher zugunsten des Ersuchenden auszufallen hat als bei der Aktenanforderung durch ein Strafgericht.

Ehmke versuchte, Kriterien für die Abwägung zu gewinnen. Er maß in diesem Zusammenhang zu Recht dem Kriterium der Bedeutung des Beweismittels für die Untersuchung – der Nähe des Beweismittels zum

---

57 Ebenda, S. 419.
58 Ebenda.
59 Vgl. *Maunz* (Fn. 52), Art. 44, Rdnr. 57.
60 *Schäfer*, in: Löwe-Rosenberg. Die Strafprozeßordnung und das Gerichtsverfassungsgesetz. Großkommentar, 24., neu bearb. Aufl., Berlin/New York 1988, § 96 StPO, Rdnr. 26 f.

Untersuchungsthema – einen hohen Rang zu.[61] Fraglich ist allerdings, ob die *Anwendbarkeit* des § 96 StPO von dem Kriterium der Nähe des Beweismittels zum Untersuchungsthema abhängig gemacht werden kann.[62] Im Sinne der Erwägungen *Ehmkes* wird man sagen müssen, daß nicht die Anwendbarkeit des § 96 StPO, sondern lediglich das Ergebnis der Abwägung in hohem Maße durch die Nähe des Beweismittels zum Untersuchungsthema bestimmt ist. Dann wird man allerdings akzeptieren müssen, daß der Untersuchungsausschuß im Konfliktfall nicht das Recht zur Entscheidung über die Aktenherausgabe haben kann, das *Ehmke* ihm in den Fällen zusprechen will, in denen ein Widerspruch zwischen Untersuchungsaufgabe und Geheimhaltungsinteresse besteht.[63] *Ehmke* erwähnte einen weiteren Faktor, der die Abwägung maßgeblich beeinflußt, nämlich die Tatsache, daß der Untersuchungsausschuß – anders als ein Strafgericht[64] – berechtigten Geheimhaltungsinteressen dadurch Rechnung tragen kann, daß er die Verhandlungen über die Inhalte der Akten für vertraulich erklärt.[65] Ist sichergestellt, daß sich die Kenntnis des Akteninhalts auf die Mitglieder des Untersuchungsausschusses beschränkt, so entfällt in aller Regel die Voraussetzung des § 96 StPO, nach der die Herausgabe der Akten zu verweigern ist, wenn das *Bekanntwerden* des Inhalts dem Wohl des Bundes oder eines Landes Nachteile bereitet. Es ist kaum ein Fall denkbar, in dem das Staatswohl dadurch gefährdet wird, daß der Akteninhalt von wenigen Parlamentariern zur Kenntnis genommen wird.

Folgte man *Ehmke* allerdings in der Auffassung, daß das öffentliche Interesse an einer parlamentarischen Untersuchung bzw. das Interesse an einer Untersuchung und *Aufdeckung* von Mißständen im öffentlichen Leben gegenüber dem staatlichen Strafverfolgungsinteresse ranghöher ist[66] und demzufolge § 96 StPO in den Fällen nicht anwendbar sein soll, in denen ein Widerspruch zwischen Untersuchungsaufgabe und Geheimhal-

---

61 *Ehmke* (Fn. 22), S. 420.
62 So *Ehmke* (Fn. 22), S. 420.
63 Ebenda, S. 420.
64 Allerdings kann das Strafgericht nach § 172 Nr. 1 GVG aus Gründen der Gefährdung der Staatssicherheit und der öffentlichen Ordnung die Öffentlichkeit ausschließen und die Verfahrensbeteiligten nach § 174 Abs. 3 Satz 1 GVG – sofern die Öffentlichkeit aus Gründen der Gefährdung der Staatssicherheit ausgeschlossen worden ist – zur Verschwiegenheit verpflichten.
65 *Ehmke* (Fn. 22), S. 420.
66 Ebenda, S. 419.

tungsinteresse besteht,[67] so wäre es in diesen Fällen nicht gerechtfertigt, die Akten vertraulich zu behandeln und ihren Inhalt in dem zu veröffentlichenden Bericht des Untersuchungsausschusses nicht zu verwerten; denn der Untersuchungsausschuß verstieße damit gegen das Prinzip, das ihm das Recht zur Beiziehung dieser Akten erst verschafft hätte.
Zusammenfassend läßt sich sagen: § 96 StPO ist auf die Beweiserhebung durch die Beiziehung von Akten sinngemäß anzuwenden. Das gilt auch für die Fälle, in denen das angeforderte Beweismittel zur Erfüllung des Untersuchungsauftrags unbedingt erforderlich ist. Bei der Abwägung sind allerdings der hohe Rang des Aufklärungsinteresses und des parlamentarischen Kontrollrechts sowie gegebenenfalls Geheimschutzvorkehrungen im Bereich des Untersuchungsausschusses zu würdigen. Danach sind kaum Fälle denkbar, in denen trotz entsprechender Geheimschutzvorkehrungen die Herausgabe der Akten unter Berufung auf § 96 StPO begründet verweigert werden kann.
Die oben angestellten Erwägungen sind durch das Urteil des Bundesverfassungsgerichts in Sachen »Flick«-Untersuchungsausschuß im wesentlichen bestätigt worden. Für das konkrete Verfahren im Verhältnis zwischen Bundesregierung und Untersuchungsausschuß leitet das Bundesverfassungsgericht aus seinen Erörterungen folgende Hinweise ab:

> »Die Bundesregierung hat . . . zunächst zu prüfen, ob sich überhaupt geheimzuhaltende Tatsachen in jenen Akten befinden, die mit dem Untersuchungsauftrag im Zusammenhang stehen. Ist dies der Fall, so eröffnet die Geheimschutzordnung des Bundestags Möglichkeiten, dem von der Bundesregierung festzulegenden Geheimhaltungsgrad Rechnung zu tragen. Nimmt die Bundesregierung das Recht für sich in Anspruch, geheimzuhaltende Tatsachen dem Untersuchungsausschuß vorzuenthalten, so muß sie den Ausschuß, gegebenenfalls in vertraulicher Sitzung, detailliert und umfassend über die Art der Schriftstücke, die Natur der zurückgehaltenen Informationen, die Notwendigkeit der Geheimhaltung und den Grad der Geheimhaltungsbedürftigkeit unterrichten, der diesen Tatsachen ihrer Auffassung nach zukommt.[68]

Hat der Untersuchungsausschuß Grund zu der Annahme, daß zurückgehaltene Informationen mit dem ihm erteilten Kontrollauftrag zu tun haben, und besteht er deshalb auf Herausgabe der Akten, so hat die Regierung die vom Untersuchungsausschuß genannten Gründe zu erwägen und, sollten sie ihre Auffassung nicht erschüttern können, zu prüfen, welche Wege beschritten

---

67 Ebenda, S. 420.
68 BVerfGE 67, 100 (138).

werden können, um den Untersuchungsausschuß davon zu überzeugen, daß seine Annahme nicht zutrifft.«[69]

Das Bundesverfassungsgericht ist mit seinem Urteil mittelbar der Auffassung *Alsbergs* gefolgt,[70] der Konsultationen als das geeignete Mittel angesehen hatte, um im konkreten Einzelfall das Spannungsverhältnis zwischen Aufklärungsinteresse und Geheimhaltungsinteresse im Sinne einer möglichst weitgehenden Berücksichtigung der jeweils in Rede stehenden Rechtsgüter aufzulösen, und der allgemeine Regelungen nicht für praktikabel gehalten hatte. Eben wegen dieses Fehlens konkreter, präziser Leitlinien ist das Urteil des Bundesverfassungsgerichts kritisiert worden.[71]
Fraglich ist, ob die weitreichenden Konsultations- und Abwägungspflichten, die das Bundesverfassungsgericht konstituiert hat, noch als eine Form der sinngemäßen Anwendung des § 96 StPO betrachtet werden können. Diese Pflichten hat das Bundesverfassungsgericht letztlich aus dem verfassungsmäßigen Rang des parlamentarischen Untersuchungsrechts hergeleitet; eine Bezugnahme auf § 96 StPO ist insoweit nicht geboten. Die materielle Staatswohlschranke wird weitgehend aufgelöst.[72]
Allerdings bleibt die Schranke des § 96 StPO zumindest als eine Art Verfahrensvorbehalt[73] zugunsten der Exekutive bestehen; Befugnisse im Sinne des § 99 Abs. 2 Satz 1 VwGO oder gar § 26 Abs. 1 und 2 BVerfGG sind dem Untersuchungsausschuß nicht eingeräumt. Aus der Stellung des Untersuchungsausschusses als Teil des Verfassungsorgans Bundestag und aus einer hieraus gewonnenen Rangfolge »Strafgericht – Verwaltungsgericht – Bundesverfassungsgericht – Untersuchungsausschuß« hinsichtlich der Möglichkeiten der Herausgabeverweigerung können keinerlei Befugnisse hergeleitet werden;[74] diese ergeben sich nur aus den in der konkreten Verfassungsordnung festgelegten Kompetenzen.[75]

---

69 BVerfGE 67, 100 (138), z. B. Akteneinsicht durch den Vorsitzenden und seinen Stellvertreter.
70 S. o. Fn. 28, 29; so auch *Ehmke* (Fn. 22), S. 419.
71 Etwa von *Bogs,* Steueraktenvorlage für parlamentarische Untersuchung, JZ 1985, S. 112.
72 *Bogs* (Fn. 71), S. 115.
73 Diesen Begriff prägte *Scholz,* Parlamentarischer Untersuchungsausschuß und Steuergeheimnis, AöR 105 (1985), S. 615.
74 Diesen Versuch unternimmt *Keßler,* Die Aktenvorlage und Beamtenaussage im parlamentarischen Untersuchungsverfahren, AöR 88 (1963), S. 323.
75 Vgl. *Thieme,* Das Verhältnis der parlamentarischen Untersuchungsausschüsse zur Exekutive, Diss. Göttingen 1983, S. 175.

3. Übertragbarkeit des Urteils des Bundesverfassungsgerichts auf den Fall der Beamtenaussage (§ 54 StPO)

Nach § 54 StPO ist die Erteilung einer Aussagegenehmigung auch dann zu versagen, wenn die Aussage die Erfüllung öffentlicher Aufgaben ernstlich gefährden oder erheblich erschweren würde; die Versagungsgründe sind also dem Wortlaut nach weiter gefaßt als in § 96 StPO. Aus dem unterschiedlichen Wortlaut der beiden Vorschriften wird verschiedentlich auf unterschiedlich weite Geheimhaltungsbereiche geschlossen. Dagegen wird geltend gemacht, daß der Umfang des öffentlichen Geheimhaltungsbedürfnisses wohl nicht davon abhängen könne, ob ein Gericht zu derselben Tatsache einen Zeugen höre, Akten beiziehe oder eine Behörde um Auskunft ersuche; daher sei eine harmonisierende Auslegung dahingehend angezeigt, daß der Begriff Staatswohl weit gefaßt werde und im Ergebnis die Amtshilfe nach § 96 aus allen in § 39 Abs. 3 BRRG genannten Gründen versagt werden könne.[76]

Bezogen auf parlamentarische Untersuchungsausschüsse wird überwiegend die Auffassung vertreten, daß die Verweigerung einer Aussagegenehmigung aus Gründen der Gefährdung öffentlicher Aufgaben nicht in Betracht komme; denn das Ziel der parlamentarischen Untersuchung sei ja gerade, festzustellen, ob die öffentlichen Aufgaben ordnungsgemäß erfüllt würden.[77]

Auch im Falle der Beamtenaussage dürfte aber die Nähe des konkreten Beweismittels zum Untersuchungsthema ein wesentlicher Gesichtspunkt sein, unter dem die Versagungsgründe abzuwägen sind.[78] Eine ernstliche Gefährdung der Funktionsfähigkeit einer Behörde und der Erledigung öffentlicher Aufgaben wiegt gegenüber dem Aufklärungsinteresse jedenfalls dann schwerer, wenn es dem Untersuchungsausschuß gewissermaßen nur nebenbei darum geht, Informationen über die Arbeitsweise einer Behörde zu erhalten, die nicht im Mittelpunkt des Untersuchungsauftrags steht. Selbst in den Fällen, in denen das Beweismittel unmittelbar der Aufklärung von Mißständen und individuellem Fehlverhalten in der betreffenden Behörde dient, ist es fraglich, ob die Erledigung öffentlicher Aufgaben durch die Behörde schlechthin unmöglich gemacht werden

---

76 Vgl. *Schäfer* (Fn. 60), Rn. 25.
77 *Ehmke* (Fn. 22), S. 419.
78 Vgl. BVerfGE 57, 250 (285).

darf, indem geheimhaltungsbedürftige Tatsachen öffentlich gemacht werden.
Bei der Beamtenaussage kommt ebenso wie bei der Aktenvorlage den Geheimschutzvorkehrungen im Bereich des Untersuchungsausschusses eine wesentliche Bedeutung zu. In Betracht kommen die Vernehmung unter Ausschluß der Öffentlichkeit oder unter weiterreichenden Geheimschutzvorkehrungen. Ein Konsultationsverfahren entsprechend den Ausführungen des Bundesverfassungsgerichts zur Aktenvorlage ist auch im Zusammenhang mit der Erteilung einer Aussagegenehmigung praktikabel. Hinsichtlich der Schranken, die sich aus dem Gewaltenteilungsprinzip ergeben, besteht zwischen Akteneinsicht und Zeugenvernehmung kein Unterschied. Das Recht zur Vernehmung von Beamten ist ebenso Bestandteil der Untersuchungskompetenz nach Artikel 44 Abs. 1 GG wie das Akteneinsichtsrecht; das Verlangen nach der Vernehmung eines Beamten kann daher ebenso wie das Aktenherausgabeverlangen im Rahmen des Minderheitenrechts geltend gemacht werden. Für die gegenteilige Auffassung *Bogs'* ist eine überzeugende Begründung nicht ersichtlich.[79]

4. *Die durch § 96 StPO in Bezug genommenen Geheimhaltungsinteressen und der Grundrechtsschutz*

Bei den bisherigen Erörterungen standen die gewissermaßen klassischen Geheimhaltungsinteressen aus Gründen des Staatswohls unausgesprochen im Hintergrund. Diese beziehen sich auf das Verhältnis zu anderen Staaten, auf den äußeren und inneren Frieden sowie auf die Sicherung der freiheitlichen demokratischen Grundordnung.[80] Beispielhaft seien in diesem Zusammenhang militärische Geheimnisse und geheimhaltungsbedürftige Arbeitsweisen und -mittel der Sicherheitsbehörden genannt.
Dem »Flick«-Urteil des Bundesverfassungsgerichts hingegen lag ein Konflikt zugrunde, in dem nur mittelbar das Staatswohl im engeren Sinne in Frage stand, nämlich nur insoweit, als § 30 AO – neben dem Schutz privater Geheimhaltungsinteressen – den »Zweck verfolgt, durch besonderen Schutz des Vertrauens in die Amtsverschwiegenheit die Bereitschaft zur Offenlegung der steuerlich relevanten Sachverhalte zu fördern, um so das Steuerverfahren zu erleichtern, die Steuerquellen vollständig

---

79 Vgl. *Bogs* (Fn. 71), S. 116.
80 Vgl. *Thieme* (Fn. 75), S. 131 f.

zu erfassen und eine gesetzmäßige, d. h. insbesondere auch gleichmäßige Besteuerung sicherzustellen.«[81] Der hohe Rang der hiermit angesprochenen öffentlichen Interessen rechtfertigt es nach Auffassung des Bundesverfassungsgerichts, bei der Auslegung der Staatswohlklausel im Sinne des § 96 StPO auch die durch § 30 AO geschützten öffentlichen Interessen zu berücksichtigen.[82] Nicht zu Unrecht wird kritisiert, daß hiermit das Steuergeheimnis als Verfassungswert, welcher die parlamentarische Untersuchungskompetenz begrenze, tendenziell überdeutet werde; es handele sich um eine objektiv-rechtliche Überhöhung des Steuergeheimnisses als wichtige Voraussetzung rechtsstaatlicher Steuerlastgleichheit und damit als Gemeinschaftsbelang.[83]

In dem vom Bundesverfassungsgericht zu entscheidenden Fall kam eine Verweigerung der Aktenherausgabe aus Gründen des Staatswohls im übrigen von vornherein nicht in Betracht, da die Akten der Staatsanwaltschaft vollständig herausgegeben worden waren.[84]

Es ist fragwürdig, den Schutz personenbezogener Daten,[85] die zwangsweise oder auf freiwilliger Basis – in den Fällen, in denen der Bürger Leistungen des Staates erlangen will – erhoben worden sind, zu einer Frage des Staatswohls hochzustilisieren.[86] Eine solche Hochstilisierung ist jedenfalls dann nicht gerechtfertigt, wenn eine gewissermaßen beliebige Durchbrechung privater Geheimhaltungsinteressen nicht zu besorgen ist. Das gilt um so mehr, als § 30 Abs. 4 AO Ausnahmetatbestände zugunsten einer Offenbarung von Daten, die dem Steuergeheimnis unterliegen, vorsieht. Der ausschlaggebende Gesichtspunkt in diesem Zusammenhang ist allein der Grundrechtsschutz, den der Untersuchungsausschuß in eigener Verantwortung zu wahren hat.

---

81 BVerfGE 67, 100 (140).
82 BVerfGE 67, 100 (140).
83 Vgl. *Bogs* (Fn. 71), S. 112 f.
84 BVerfGE 67, 100 (146).
85 Neben § 30 AO kommen in diesem Zusammenhang insbesondere § 35 SGB I sowie §§ 67 ff. SGB X in Betracht.
86 Diese Hochstilisierung ist im übrigen für die Organstreitentscheidung des Gerichts folgenlos geblieben; vgl. *Bogs* (Fn. 71), S. 113.

Schlußbemerkung

Durch Geheimschutzvorkehrungen seitens des Untersuchungsausschusses wird das Spannungsverhältnis zwischen Geheimhaltungsinteresse und Aufklärungsinteresse nur insoweit aufgelöst, als es sich bei den geheimzuhaltenden Sachverhalten nicht um solche handelt, die für die Beweiswürdigung durch den Untersuchungsausschuß von wesentlicher Bedeutung sind. Der Sinn und Zweck der parlamentarischen Untersuchung ist verfehlt, wenn der Untersuchungsausschuß zwar in großem Umfang wesentliche Informationen gewonnen hat, diese jedoch aus Gründen der Geheimhaltung über den Kreis der Mitglieder des Untersuchungsausschusses hinaus nicht verbreitet werden dürfen, also insbesondere nicht dazu benutzt werden können, in dem Bericht für das Parlament eine – auch für die Öffentlichkeit – nachvollziehbare Beweiswürdigung vorzunehmen. Allgemeine Regeln, nach denen sich feststellen ließe, in welchen Fällen das öffentliche Interesse an der Aufdeckung bestimmter Sachverhalte die Geheimhaltungsinteressen überwiegt oder möglicherweise sogar eine – vorübergehende – Beeinträchtigung des Staatswohls rechtfertigte, lassen sich nicht aufstellen.[87] Der Untersuchungsausschuß ist insoweit auf Konsultationen mit der Exekutive verwiesen. Der Konflikt verlagert sich mithin auf die Auseinandersetzung über Art und Umfang der im Einzelfall erforderlichen Geheimschutzvorkehrungen sowie über die Frage, inwieweit der Geheimschutz hinsichtlich der für die Beweiswürdigung bedeutsamen Sachverhalte aufgehoben werden kann.

---

87 Auszuschließen ist, daß der Untersuchungsausschuß als Unterorgan eines Verfassungsorgans, das in mancher Hinsicht behörden- oder gerichtsähnliche Befugnisse ausübt, etwa eine Abwägung zwischen Beeinträchtigung des Staatswohls und öffentlichem Interesse an der Aufdeckung von Mißständen vornehmen dürfte.

Andreas Elvers

Das Bundesstaatsprinzip als Schranke des Untersuchungsrechts des Bundestages

1. Einleitung und Begriffsbestimmung

Das Recht des Parlaments, Untersuchungen durchzuführen, besteht nicht unbegrenzt. Eine gegenständliche Begrenzung erfährt es unter anderem durch den bundesstaatlichen Charakter der Bundesrepublik. So endet das Untersuchungsrecht des Bundestages dort, wo die Untersuchung die Hoheitsgewalt eines Bundeslandes verletzen würde. Wann aber ist dies der Fall? Der folgende Beitrag versucht, dafür einige Orientierungspunkte zu finden. Dabei beschränke ich mich auf das Untersuchungsrecht des Bundestages. Die umgekehrte Perspektive – Beschränkungen für Untersuchungsausschüsse der Länder – ist bewußt ausgeklammert worden, weil solche Untersuchungsausschüsse bislang selten die Bedeutung erlangt haben, als daß die von ihnen aufgeworfenen Fragen in unserem Zusammenhang einer besonderen Behandlung bedürfen.[1]

Von der föderativen Ebene der Gewaltenteilung – dem Bundesstaatsprinzip – gehen von nur teilweise wirkungsvolle Tendenzen gegen eine Machtballung aus; die Schwierigkeiten der Abgrenzung zwischen notwendiger wechselseitiger Kontrolle und unzulässigem Eingriff einer Gewalt in den Kernbereich der anderen werden jedoch hier oft besonders anschaulich. Als Wesensmerkmale des Bundesstaats, der Ordnung also, die sich nach dem Bundesstaatsprinzip organisieren soll, gelten generell wie folgt[2]:
a) das Prinzip funktionaler Gewaltenteilung (Machtbalance),
b) die Vertretung regionaler Bevölkerungsgruppen,
c) die Verwirklichung demokratischer Beteiligung,
d) die Wirksamkeit demokratischer Konfliktregelung.

---

1 Abgesehen vielleicht von der vor allem in Niedersachsen diskutierten Frage nach der Erscheinenspflicht eines außerhalb von Niedersachsen ansässigen Zeugen.
2 *Lambrecht,* Die Funktion des Föderalismus im Verfassungs- und Regierungssystem der Bundesrepublik Deutschland, Diss. Berlin 1975, S. 164 ff.; *Ellwein/Görlitz,* Gesetzgebung und Kontrolle, in: Parlament und Verwaltung, Stuttgart 1967, S. 163 ff.

Die notwendige Entwicklung hin zum kooperativen Föderalismus, als dynamischer Wandlungsprozeß bzw. Anpassungsvorgang, schon der zunehmenden Aufgabenverflechtung wegen, wird von der rechtswissenschaftlichen Theorie leider nur halbherzig akzeptiert, soll heißen, einerseits notgedrungen anerkannt und andererseits gleichzeitig für bedenklich erklärt.

Für *Werner Weber* war der Föderalismus im übrigen schon 1951 nur Fiktion, bedeutete es doch gleichsam einen »Atavismus«[3], das kleingewordene Deutschland als einen Bund von Staaten zu begreifen. Länder seien lediglich Verwaltungseinheiten im Sinne von autonomen Selbstverwaltungskörperschaften höherer Ordnung.

2. *Beschränkung des Untersuchungsrechts*

2.1 *Allgemeine Beschränkungen*

Jenseits des Streits[4] über den Bundesstaatsbegriff geht die h.M. von dem Grundsatz aus, daß neben die horizontale Gewaltenteilung in Legislative, Exekutive und Judikative die vertikale Gewaltenteilung tritt, mit der Aufteilung in »Gesamtstaats- und Gliedstaatsgewalt«[5]. Die Bundesländer seien als Staaten mit »eigener – wenn auch gegenständlich beschränkter – nicht vom Bund abgeleiteter, sondern von ihm anerkannter staatlicher Hoheitsmacht«[6] zu verstehen.

Daraus folgt, daß die Grenzen des Untersuchungsrechts des Bundestages gegenüber den Ländern – obwohl das Grundgesetz keine ausdrückliche Aussage darüber macht – sehr eng gezogen werden.

Über die Bindung der Legislative durch Art. 79 Abs. 3 GG an das in Art. 20 Abs. 1 GG festgelegte Bundesstaatsprinzip werden unter Zuhilfenahme der Korollartheorie[7] die für das Parlament gültigen Beschränkungen automatisch auf seine Untersuchungsausschüsse übertragen, so »daß

---

3 *W. Weber*, Spannungen und Kräfte im westdeutschen Verfassungssystem, Stuttgart 1951, S. 96 ff.
4 *Stein*, Lehrbuch des Staatsrechts, 10. Aufl., Tübingen 1986, S. 311 f.
5 BVerfGE 12, 205 (229).
6 BVerfGE 1, 14 (34).
7 *Zweig*, Die parlamentarische Enquête nach deutschem und österreichischem Recht, ZfP 1913, S. 267.

wie alle Funktionen des Bundestages (. . .) also auch das Enquêterecht durch das Bundesstaatsprinzip beschränkt wird.«[8]

Diese engen Grenzen sollen nicht nur für die Einsetzung des Untersuchungsausschusses gelten, sondern für das gesamte Verfahren.

Wenn auch *Lewalds* These von der Generalkompetenz[9] – bezüglich Art. 34 Abs. 1 Satz 1 WRV – für Art. 44 Abs. 1 Satz 1 GG keine Gültigkeit haben kann, so wird man doch von einem erheblich weiteren möglichen Wirkungskreis des Untersuchungsrechts ausgehen müssen als durch die h.M. nahegelegt.

Hierbei ist die Beschreibung von »Aufgaben« und »Befugnissen«, mithin also von Rechten und Pflichten des Staates, in Art. 30 GG hilfreich: Pflichten, die von der Verfassung auferlegt sind und Rechte, um die obliegenden Aufgaben zu erfüllen.

So steht dem Bundestag das Untersuchungsrecht eben auch immer dann zu, wenn keine anderen Möglichkeiten zur Verfügung stehen, um sich die erforderliche Tatsachenkenntnis zwecks Erfüllung seiner Pflichten bzw. Ausübung seiner Rechte zu verschaffen.[10]

2.2 *Beschränkungen für den Untersuchungsgegenstand*

Grundsätzlich darf der Bundestag Materien, die den Organen der Länder vorbehalten sind, nicht zum Gegenstand seiner Untersuchungen machen. Hoheitliche Landestätigkeit darf deshalb nicht weiter in Untersuchungen einbezogen werden, als dies zur Kontrolle der Bundesregierung erforderlich ist. Ein Mißbrauch des Untersuchungsrechts zu einer unmittelbaren Untersuchung ist unzulässig.[11]

Der Bundestag hat das Untersuchungsrecht als Korollar seiner folgenden vier Aufgaben und Befugnisse:

1.) Das Recht des Bundestages, nach Art. 77 Abs. 1 Satz 1 GG – gemäß Art. 76 Abs. 1 GG unter Umständen auch aus eigener Initiative –, die Bundesgesetze zu beschließen.

---

8 *Maunz*, in: Maunz/Dürig, Kommentar zum Grundgesetz, Art. 44, Rdnr. 16.
9 *Lewald*, Enquêterecht und Aufsichtsrecht. Eine verfassungskritische Studie, AöR 44 (1923), S. 292 ff.
10 *Halstenberg*, Das Verfahren der parlamentarischen Untersuchungsausschüsse nach Art. 44 des Grundgesetzes, unter besonderer Berücksichtigung des Verhältnisses zur Gerichtsbarkeit, Diss. Köln 1957, S. 34; *Heck*, Das parlamentarische Untersuchungsrecht, Stuttgart 1925, S. 39.
11 *Achterberg*, Grundzüge des Parlamentsrechts, München 1971, S. 58; *Halstenberg* (Fn. 10), S. 31 f.

Hierzu gehört innerhalb der Schranken des Art. 79 Abs. 3 GG auch die sogenannte Kompetenz-Kompetenz[12] zur Änderung der gegenwärtigen Kompetenzverteilung im Rahmen einer Änderung des Grundgesetzes nach Art. 77 Abs. 1 Satz 1 GG in Verbindung mit Art. 79 Abs. 1 Sätze 1 und 2 GG.

2.) Die Pflicht des »Bundes« nach Art. 28 Abs. 3 GG, die strukturelle Homogenität zwischen den verfassungsmäßigen Ordnungen der Länder und dem Grundgesetz zu gewährleisten, d.h. darauf zu achten, daß diese Ordnungen den Grundsätzen des republikanischen, demokratischen und sozialen Rechtsstaats entsprechen, sowie insbesondere den Grundrechten gebührend Rechnung tragen.

3.) Die Funktion des Bundestages, als »parlamentarisches Forum der Nation« mitzuwirken und alle politischen Fragen zu behandeln, die von »gesamtstaatlichem«, »gesamtdeutschem« oder »allgemeinem nationalen« Interesse sind.[13]

Wenn teilweise in Rechtsprechung[14] und Schrifttum[15] die Ansicht vertreten wird, hier reiche die Kompetenz zur parlamentarischen Erörterung nicht aus, um die Grundlage für eine parlamentarische Untersuchung zu schaffen, so wird offensichtlich – in Verkennung der Bedeutung des Parlaments – von einem verkürzten oder zumindest unzureichend differenzierten Kontrollbegriff ausgegangen.

Ohne Kenntnis des Tatsachenmaterials können keine verantwortlichen politischen Entscheidungen getroffen werden. Zur Wahrheitsfindung muß also das Untersuchungsrecht in diesen gesamtstaatlichen oder nationalen Fragen angewandt werden können; die öffentliche Diskussion allein würde nicht ausreichen.[16]

4.) Das Recht des Bundestages zur Kontrolle der Bundesregierung, wie es sich positivrechtlich in den Art. 43 Abs. 1, 63, 67 und 68 Abs. 1 GG widerspiegelt, hat zumindest mittelbare Bedeutung für den Umfang des Untersuchungsrechts des Bundestages gegenüber den Ländern, wobei Sachverhalte aus dem Zuständigkeitsbereich der Länder (a) und Handeln von Länderorganen (b) zu unterscheiden sind.

---

12 A.M. *Partsch*, Gutachten für den 45. DJT, in: Verhandlungen des 45. DJT, Bd. 1, Teil 3, Karlsruhe 1964, S. 17.
13 *Heck* (Fn. 10), S. 39; *Halstenberg* (Fn. 10), S. 34 ff.
14 Hess. StGH, ESVGH 17, 12 (15).
15 *Maunz* (Fn. 8), Art. 44, Rdnr. 17.
16 A.M. *Halstenberg* (Fn. 10), S. 47.

(a) Schon aus der Bedeutung des Bundestages als Forum der Nation ergibt sich hier ein uneingeschränktes Enquêterecht, da diese Aufgabe weiterreicht als z.B. die Befugnis des Bundes zu einfacher Gesetzgebung. So hat im Falle des »Neue Heimat«-Ausschusses das Landgericht Frankfurt[17], obwohl die Kontrolle der Gemeinnützigkeit in die Länderkompetenz fällt, wegen der bundesweiten Tätigkeit des betroffenen Konzerns ein »gesamtstaatliches Interesse« als gegeben angesehen, so daß sich ergänzend eine Bundeskompetenz zur Untersuchung aus der »Natur der Sache« ergebe.

Es dürfte also kaum einen Sachverhalt geben, der nicht – unter verschiedenen Gesichtspunkten – Gegenstand sowohl der Legislative als auch der Judikative oder der Exekutive sein kann[18], so daß wegen der vielfach verflochtenen Kompetenzen zwischen Bund und Ländern kaum ein Sachverhalt denkbar wäre, der in den ausschließlichen Hoheitsbereich eines Landes fiele.

(b) Nichthoheitliches, insbesondere fiskalisches Handeln ist anzusehen wie das Handeln Privater. Darum ist bei der Behandlung der Fragen nach der Zulässigkeit parlamentarischer Untersuchungen gegenüber Länderorganen nur hoheitliches Handeln zu berücksichtigen.

Vereinzelt wird vertreten, als Korollar der Befugnis des Bundestages zur Kontrolle der Bundesregierung erstrecke sich diese nicht nur auf die bundeseigene Verwaltung, sondern auch auf die »Tätigkeit der Landesbehörden«, soweit sie »im Rahmen des Art. 85 GG Gesetze«[19] als Angelegenheit des Bundes ausführen und diese Behörden den Weisungen der obersten Bundesbehörden unterworfen sind.[20] Im übrigen aber, also auch hinsichtlich der Ausführung von Bundesgesetzen nach Art. 84 GG, wäre die Tätigkeit der Landesbehörden dem Untersuchungsrecht des Bundestages in vollem Umfange entzogen.[21]

---

17 LG Frankfurt a.M., NJW 1987, S. 787 (788).
18 *Halstenberg* (Fn. 10), S. 29 f.
19 *Cordes*, Das Recht der Untersuchungsausschüsse des Bundestages, Diss. München 1958, S. 34; zur Frage der Kontrolle durch die Länderparlamente neuerdings *Bushart*, Die Kontrolle der Bundesauftragsverwaltung durch die Landesparlamente, ZRP 1988, S. 210.
20 *Maunz* (Fn. 8), Art. 44 Rdnr. 16; *Pietzner*, Untersuchungsausschüsse, parlamentarische, in: Evangelisches Staatslexikon, 3. Aufl., Stuttgart 1987, Sp. 3675 f.; *Versteyl*, in: von Münch (Hrsg.), Grundgesetz-Kommentar, Bd. 2, 2. Aufl., München 1983, Art. 44, Rdnr. 11.
21 *Cordes* (Fn. 19), S. 34.

Die h.M. geht davon aus, daß hier aus den beschriebenen Gründen kein Recht zur unmittelbaren Untersuchung vorliegen kann; die Ingerenz in Landesangelegenheiten ist zwar eingeschlossen, aber eben doch nur mittelbar oder als »Reflex«.[22]

Diese heute herrschende Reflextheorie[23] ist in ihrer Abhängigkeit von der Bundesaufsicht jedoch zu eng, denn es besteht auch eine Befugnis des Bundestages zur Kontrolle, ob die Bundesregierung ihre Rechte und Pflichten aus anderen Verfassungsvorschriften – wie Art. 28 Abs. 3, Art. 37 oder Art. 91 Abs. 2 GG – richtig ausübt.

Auch läßt sie außer acht, daß der Bundestag nicht nur mittelbar in den beschriebenen Fällen die Verwaltung eines Landes zum Gegenstand einer Enquête machen kann, sondern daß er aufgrund seiner Aufgaben und Befugnisse auch selbst unmittelbar berechtigt bzw. verpflichtet sein kann, sich mit Länderkompetenzen zu befassen. So z.B., wenn der Bundestag aufgrund der sogenannten Kompetenz-Kompetenz[24] oder auch der Gewährleistungsfunktion nach Art. 28 Abs. 3 GG – die im übrigen mehr beinhaltet als eine nur »allgemeine Beobachtungspflicht«, wie *Lässig* meint[25] –, vor allem aber wenn er in seiner Funktion als parlamentarisches Forum der Nation[26] tätig wird.

Im übrigen kann ein Untersuchungsausschuß des Bundestages auch bei nachgeordneten Landesbehörden Ermittlungen anstellen, ohne einer Zustimmung der obersten Landesbehörden oder des Bundesrates zu bedürfen, wie sie etwa die Bundesregierung im Falle einer Entsendung von Beauftragten nach Art. 84 Abs. 3 Satz 2 GG benötigt.

Gleiches muß bei der Überprüfung der Bundesregierung bezüglich deren richtiger Ausübung ihres Rechts zur Bundesaufsicht gelten. Da Art. 44 GG keine Art. 84 Abs. 3 GG entsprechende Beschränkung enthält, ist nicht schlüssig, warum der kontrollierende Ausschuß den Beschränkungen der kontrollierten Bundesregierung unterliegen soll.

Entsprechend ist die Verpflichtung zur Rechts- und Amtshilfe durch Länderbehörden gegenüber Untersuchungsausschüssen des Bundestages in

---

22 *Lewald* (Fn. 9), S. 299.
23 *Böckenförde*, Parlamentarische Untersuchungsausschüsse und kommunale Selbstverwaltung, AöR 103, 1978, S. 25; *Lässig*, Beschränkungen des Beweiserhebungsrechts parlamentarischer Untersuchungsausschüsse, insbesondere aufgrund des Bundesstaatsprinzips, DÖV 1976, S. 727 (733).
24 Siehe auch 2.2 unter 1.); a.A. *Schleich*, Das parlamentarische Untersuchungsrecht des Bundestages, Berlin 1985, S. 77.
25 *Lässig* (Fn. 23), S. 732; s. auch 2.2 unter 2.)
26 Siehe auch 2.2 unter 3.)

Art. 44 Abs. 3 GG (ebensowenig wie in Art. 35 GG) nicht von der Zustimmung der obersten Landesbehörden oder des Bundesrates abhängig zu machen.[27]

2.3 Beschränkungen im Untersuchungsverfahren

2.3.1 Aktenvorlagerecht

Ein generelles Aktenvorlagerecht der Untersuchungsausschüsse des Bundestages gegenüber den Bundesländern wird verneint, wenngleich die Landesbehörden jeweils zu prüfen haben, ob sie nicht – wegen der Verpflichtung zu bundesfreundlichem Verhalten[28] und damit zu bundesstaatlicher Kooperation – gezwungen sein könnten, die geforderten Akten zu präsentieren.
Bei einer Weigerung bliebe der Weg der Dienstaufsichtsbeschwerde an die oberste Landesbehörde oder die Klage vor dem Bundesverfassungsgericht nach Art. 93 Abs. 1 Nrn. 3 und 4 GG.

2.3.2 Zeugnispflicht

Unbestritten kann jeder Bürger im ganzen Bundesgebiet von der Beweiserhebung bzw. von Zwangsmaßnahmen der Untersuchungsausschüsse erfaßt werden, da ihr Untersuchungsrecht auf Art. 44 Abs. 2 Satz 1 GG und damit auf Bundesrecht beruht.
Hier wird auch die Verpflichtung der Behörden und Gerichte der Länder zur Rechts- und Amtshilfe nach Art. 44 Abs. 3 GG allgemein anerkannt.[29]
Bei Mitgliedern der Landesregierung bzw. der Landtage wird allgemein zu deren Gunsten von einer Geltung des § 50 StPO ausgegangen, weil seine Anwendung auf diese Zeugengruppe wegen der verfassungsrechtlichen Pflicht aus dem Bundesstaatsprinzip, die Arbeit von Landesregierungen bzw. Landtagen so wenig wie möglich zu behindern, »sinngemäß« im Sinne von Art. 44 Abs. 2 GG sei.

---

27 *v. Mangoldt/Klein*, Das Bonner Grundgesetz, 2. Aufl., Bd. 2, Berlin 1964, S. 943; *Lammers*, Parlamentarische Untersuchungsausschüsse, in: Anschütz/Thoma, Handbuch des deutschen Staatsrechts, Tübingen 1932, Bd. 2, S. 454 f.
28 BVerfGE 12, 205 (254 f.).
29 *Cordes* (Fn. 19), S. 136 f.

In diesem Zusammenhang wäre auch die mögliche Einschränkung der Zutrittsrechte nach Art. 43 Abs. 2 Satz 1 GG zu erörtern. Da sie jedoch Ausdruck des Bundesstaatsprinzip sind – weil mit der Zielvorstellung einer kooperativen Zusammenarbeit eine Isolation des Bundestages unvereinbar wäre –, ist einer solchen Einschränkung nicht zuzustimmen. Während Beeinträchtigungen der Ausschußarbeit durch die Anwesenheit von Bundesratsmitgliedern nahezu ausgeschlossen scheinen, steht auch das Argument, bei Angehörigen der Bundesregierung würde durch ein Zutrittsrecht die Arbeitsweise gegenüber den Kontrollierten offenliegen, auf schwachen Füßen, da etwaige »Betroffene« sowieso über ausreichende Rechte in dieser Hinsicht verfügen, so z.B. das auf rechtliches Gehör.

2.3.3 Schlußbericht

Eine weitere Bedeutung kommt dem Schlußbericht zu, wo die aus den mittelbaren Untersuchungen (soweit diese in den genannten Fällen zulässig wären) gewonnenen Erkenntnisse keiner Bewertung unterzogen werden dürfen, da sie ausschließlich als Beweismaterial für das Bundesmaterie betreffende Untersuchungsergebnis hatten eingesetzt werden dürfen. Unter Beachtung der vorgenannten Einschränkungen läge auch hier kein Verstoß gegen Art. 20 Abs. 1 GG vor.

2.4 *Parallele Untersuchungen in Bund und Ländern*

Teilweise wird es für zulässig erachtet, daß Landtage und der Bundestag die gleiche Materie gleichzeitig untersuchen.[30] Dies würde jedoch nicht nur einen Verstoß gegen das föderative System bedeuten, sondern darüber hinaus wegen der Doppelbelastung der Betroffenen einen Verstoß gegen den Verhältnismäßigkeitsgrundsatz des Art. 20 Abs. 3 GG. Es fehlte nämlich an der Erforderlichkeit einer zweiten Untersuchung, da im Gegensatz zur Konkurrenz von Strafverfahren und parlamentarischer Untersuchung hier beide Verfahren den gleichen Zweck verfolgten.

---

30 *Dichgans*, Die Zusammenarbeit parlamentarischer Untersuchungsausschüsse, NJW 1964, S. 957 (958); *Heck* (Fn. 10), S. 45; *Kölble*, Parlamentarisches Untersuchungsrecht und Bundesstaatsprinzip, DVBl. 1964, S. 701 (704).

Daniel Dreher

Beamte und Regierungsmitglieder vor Untersuchungsausschüssen

Zugleich ein Beitrag zur Sinnlosigkeit der »sinngemäßen Anwendung« von Vorschriften über den Strafprozeß im parlamentarischen Untersuchungsverfahren

I. *Aktenvorlage und Geheimschutz (§ 96 StPO)*

Im Untersuchungsverfahren wird § 96 StPO gemäß Art. 44 Abs. 2 Satz 1 GG »sinngemäß« angewandt, wenn es um die Frage geht, ob die Exekutive, insbesondere die Bundesregierung, dem Untersuchungsausschuß zur Herausgabe von Akten verpflichtet ist.

Fraglich ist, ob die funktionalen Unterschiede zwischen Straf- und Untersuchungsverfahren es überhaupt erlauben, diese Norm »sinngemäß« zu rezipieren. Das Bundesverfassungsgericht definiert den Begriff »sinngemäß« als »unter Beachtung des Sinns parlamentarischer Kontrolle«[1].

§ 96 StPO verwehrt dem Strafgericht ein Requisitionsrecht dann, wenn die oberste Dienstbehörde der Beamten, bei denen sich die Akten in Verwahrung befinden, erklärt, daß das Bekanntwerden des Inhalts dem Wohle des Bundes oder eines deutschen Landes Nachteile bereiten würden. Diese Norm dient mithin dazu, die Möglichkeit der Sachaufklärung zugunsten übergeordneter Interessen des Gemeinwohles einzuschränken.[2] Daher muß geprüft werden, wer im Verhältnis Exekutive – Parlament darüber zu entscheiden hat, ob eher die Aktenherausgabe oder die Zurückbehaltung dem Gemeinwohle dient.

Dazu führt das Bundesverfassungsgericht mit Recht aus, daß das Wohl des Bundes oder eines deutschen Landes dem Parlament und der Regierung gleichermaßen anvertraut ist.[3] Die Herausgabe von Schriftstücken kann somit nicht einseitig von der Exekutive verweigert werden. Für diese Ansicht spricht auch der Vergleich der Requisitionskompetenzen verschiedener Gerichte:

---

1 BVerfGE 67, 100 (101).
2 Vgl. *Löwe/Rosenberg/Meyer*, StPO-Komm., Bd. 1, § 96, Rdnr. 1.
3 BVerfGE 67, 100 (136).

Das Verwaltungsgericht hat die Befugnis, bei Verweigerung von Aktenvorlage und Auskunft durch die Behörden selbst über die Glaubhaftigkeit der Verweigerungsgründe zu entscheiden[4], während für die Strafgerichte die Behördenentscheidung verbindlich ist.[5] Das Bundesverfassungsgericht entscheidet selbst über die Nichtbeiziehung einzelner Urkunden und kann die Verweigerung der behördlichen Aussagegenehmigung mit Zweidrittelmehrheit »überstimmen«.[6]

Diese abgestufte Erweiterung der Kompetenzen kann man damit erklären, daß die Reservatrechte der Exekutive umso geringer werden, je mehr die Funktion eines anderen Teiles der Verfassungsordnung mit ihm kollidiert.[7] Daher muß der Untersuchungsausschuß als dasjenige Organ des Bundestages, dem die Exekutivkontrolle obliegt, einen noch umfassenderen Informationsanspruch haben, zumal Akten »ein besonders wichtiges Beweismittel bei der Bewertung politischer Vorgänge (sind). Sie haben gegenüber Zeugenaussagen in der Regel einen höheren Beweiswert, weil das Gedächtnis von Zeugen aus mancherlei Gründen unergiebig werden kann«[8]. Die besondere Wichtigkeit möglichst weitgehender Requisitionsbefugnis ergibt sich auch aus den strukturellen Unterschieden zwischen Straf- und Untersuchungsverfahren: Im Strafprozeß ist die Verwaltung grundsätzlich nicht beteiligt, im Untersuchungsverfahren hingegen oftmals »gleichsam Partei«[9], wodurch die Behörden (meist die Regierungen als für die Genehmigung zuständige Stelle) an möglichster Zurückhaltung der Information interessiert sind. Man kann also kaum annehmen, daß die Exekutive ihre Entscheidungen nur nach den Staatswohlkriterien des § 96 StPO trifft.

In concreto wird die Einsichtnahme häufig mit dem Hinweis auf unvollkommenen Geheimschutz verwehrt. Die Geheimhaltungsmöglichkeiten sind jedoch im Untersuchungsverfahren wesentlich weiter gefaßt als im Strafverfahren:

Vor den Gerichten ist die Hauptverhandlung grundsätzlich öffentlich[10]; die Öffentlichkeit kann bei Gefährdung der öffentlichen Ordnung ausge-

---

4 § 99 Abs. 2 VwGO.
5 § 96 StPO.
6 § 26 Abs. 2 BVerfGG.
7 *Keßler*, Die Aktenvorlage und Beamtenaussage im parlamentarischen Untersuchungsverfahren – Zum Verhältnis zwischen Parlament und Verwaltung, AöR 88 (1963), S. 313 ff. (S. 322 ff.).
8 BVerfGE 67, 100 (132).
9 BVerfGE 67, 100 (137).
10 § 169 Abs. 1 Satz 1 GVG.

schlossen werden.[11] Außerdem kann den in einer wegen Gefährdung der Staatssicherheit nichtöffentlichen Sitzung Anwesenden die Geheimhaltungspflicht auferlegt werden. Diese Geheimhaltungspflicht ist strafbewehrt.[12]
Im Untersuchungsverfahren kann die Öffentlichkeit ebenfalls ausgeschlossen werden; Voraussetzungen für einen solchen Ausschluß nennt Art. 44 Abs. 1 Satz 1 GG allerdings nicht.
§ 9 Abs. 2 der IPA-Regeln bestimmt, daß die Öffentlichkeit oder einzelne Personen ausgeschlossen werden können, wenn das öffentliche Interesse oder berechtigte Interessen eines einzelnen dies gebieten oder wenn es zur Erlangung einer wahrheitsgemäßen Aussage erforderlich erscheint. Allerdings können Mitglieder des Bundestages[13] und der Bundesregierung[14] an allen Ausschußsitzungen teilnehmen. Der Bundestag kann aber für seine Mitglieder bei der Einsetzung des Ausschusses das Zutrittsrecht auf die Ausschußmitglieder beschränken.
Die Vertraulichkeit der Verhandlungsgegenstände wird jedoch erst durch die Einstufung als »VS-VERTRAULICH« gewährleistet.[15] In diesem Falle ist die Geheimschutzordnung des Bundestages anzuwenden, die die Weitergabe der entsprechenden Angelegenheiten stark eingrenzt; nach § 2 Abs. 4 der Geheimschutzordnung des Bundestages ist eine Angelegenheit als »VS-VERTRAULICH« einzustufen, wenn ihr Bekanntwerden »den Interessen oder dem Ansehen der Bundesrepublik Deutschland oder eines ihrer Länder abträglich oder für einen fremden Staat von Vorteil sein könnte«[16].
Außerdem muß den Abgeordneten, da ihnen ebenso wie der Regierung das Staatswohl anvertraut ist[17], ein größeres Verantwortungsgefühl im Umgang mit Geheiminformationen unterstellt werden als beispielsweise dem Angeklagten im Strafprozeß.
Des öfteren beruft sich eine Regierung zur Begründung ihrer Auskunftsverweigerung auf einen inneren Arkanbereich, welcher nicht der Kontrolle von außen unterliege. Dieser Geheimbereich soll sich aus der Ge-

---

11 § 172 Nr. 1 GVG.
12 § 353 d Nr. 2 StGB.
13 § 65 Abs. 2 Satz 1 GO-BT.
14 Art. 43 Abs. 2 GG.
15 § 69 Abs. 7 GO-BT.
16 Ausf. Darstellung bei *Thieme*, Das Verhältnis der parlamentarischen Untersuchungsausschüsse zur Exekutive, Diss. Göttingen 1983, S. 152.
17 BVerfGE 67, 100 (136).

waltenteilung ergeben.[18] Das Bundesverfassungsgericht[19] hat die »Eckpfeiler eines Kernbereiches«[20] der Exekutive aufgezeigt:
- Erst wenn die Willensbildung in der Exekutive abgeschlossen ist und der Beschluß Außenwirkung erlangt hat, darf die Kontrolle einsetzen.
- Da der eigentlichen Regierungstätigkeit regelmäßig Vorgänge und Stellungnahmen untergeordneter Stellen vorangehen, betrifft die Auskunftspflicht den »Initiativ-, Beratungs- und Handlungsbereich der gesamten Verwaltung«.
- Akten dürfen nicht deshalb zurückgehalten werden, weil sie belastendes Material enthalten.

Durch das Aufstellen dieser Kriterien für die Aktenvorlage im Untersuchungsverfahren deutet das Bundesverfassungsgericht an, daß § 96 StPO zur Lösung dieser Problematik wenig taugt, wenn es sich auch noch davor gescheut hat, diese Norm für nicht anwendbar zu erklären. Es legt § 96 StPO vielmehr dahingehend aus, daß das Requisitionsrecht nicht lediglich ein Teil des Rechts auf Amtshilfe nach Art. 44 Abs. 3 GG ist, sondern sich unmittelbar aus dem parlamentarischen Kontrollrecht herleitet.[21]

Ein solcher Hinweis auf die Wichtigkeit einer möglichst umfassenden Aktenvorlage stünde aber besser explicite im Grundgesetz: In der bisherigen Form ist Art. 44 Abs. 2 GG ohne Kenntnis des oben zitierten Urteils des Bundesverfassungsgerichtes in bezug auf das Aktenvorlagerecht kaum noch verständlich.

II. *Aussagegenehmigungspflicht (§ 54 StPO)*

Die Frage, ob eine sinngemäße Anwendung des § 54 StPO auf das Untersuchungsverfahren möglich ist, enthält zwei Probleme: Zunächst muß überprüft werden, ob auch vor dem Untersuchungsausschuß zur Amtsverschwiegenheit verpflichtete Personen auf entsprechende Fragen nur mit Zustimmung des Dienstvorgesetzten antworten dürfen. Sodann ist zu

---

18 *Mengel*, Das Auskunftsverweigerungsrecht der Exekutive gegenüber parlamentarischen Untersuchungsausschüssen, EuGRZ 1984, S. 97 ff.
19 BVerfGE 67, 100 (136).
20 *Arloth*, Grundlagen und Grenzen des Untersuchungsrechts parlamentarischer Untersuchungsausschüsse, NJW 1987, S. 808 ff. (811).
21 BVerfGE 67, 100 (128).

entscheiden, ob der Dienstvorgesetzte im gleichen Maße wie beim Strafprozeß das Recht hat, die Genehmigung zu versagen.
Durch § 54 StPO i.V.m. § 61 BundesbeamtenG sind Beamte (entsprechendes gilt für Soldaten[22] und Mitglieder der Bundesregierung[23]) zur Amtsverschwiegenheit verpflichtet. Den Beamten auch ohne das Vorliegen einer Aussagegenehmigung zu befragen hieße, ihn mit der Entscheidung, ob er aussagen dürfe resp. müsse, allein zu lassen. Ein solches Ergebnis wäre nicht tragbar. Es bestehen denn auch keine Zweifel daran, daß die Genehmigungspflicht der Beamtenaussage auch für das Untersuchungsverfahren gelten muß.[24]

Was den Umfang des Rechts des Dienstvorgesetzten betrifft, die Aussagegenehmigung zu verweigern, so sei zunächst auf die unter I. dargestellten funktionalen Unterschiede gegenüber dem Strafverfahren und die besseren Geheimschutzmöglichkeiten verwiesen. Hieraus ergibt sich bereits, daß der Ermessensspielraum zumindest enger gefaßt sein muß als im Strafverfahren.

Nicht zu folgen ist dagegen der Argumentation *Ehmkes*[25], der mit der Behauptung, das Aufklärungsinteresse bei Mißständen sei gegenüber dem Strafverfolgungsinteresse nicht nur »andersartig«, sondern auch »ranghöher«, die Anwendbarkeit der StPO auf die Beamtenaussage im Untersuchungsverfahren generell ablehnt: Auch das Strafverfahren soll ja dem Staatswohle dienen, indem es den Rechtsfrieden wiederherstellt. So sind beispielsweise Hochverrats- oder Staatsschutzprozesse für die Erhaltung der Staatssicherheit von ausschlaggebender Bedeutung und können mindestens ebenso wichtig sein wie manches Untersuchungsverfahren.[26] Auch wird man nicht leugnen können, daß nicht alle Untersuchungsverfahren von so großer Bedeutung sind, daß sich schon von daher jede Auskunftsverweigerung von vornherein verbietet.

Pauschales Abstellen auf eine »große Bedeutung der parlamentarischen Untersuchung« trägt jedenfalls nicht zur Lösung dieser komplexen Problematik bei. Stattdessen müssen die Grenzen der Auskunftspflicht der

---

22 § 14 SoldatenG.
23 § 54 Abs. 2 StPO i.V.m. §§ 6, 7 BMinG.
24 *Ehmke*, Parlamentarische Untersuchungsausschüsse und Verfassungsschutzämter, DÖV 1956, S. 417 ff. (420); *Keßler* (Fn. 7), S. 317; *Schnabel*, Der parlamentarische Untersuchungsausschuß – ein wirksames Kontroll- und Informationsorgan des Parlaments?, Diss. Tübingen 1969, S. 107 m.w.N.
25 *Ehmke* (Fn. 24), S. 419.
26 *Thieme* (Fn. 16), S. 152.

Behörden positiv festgestellt werden. Dabei ist davon auszugehen, daß eine Auskunftsverweigerung die Ausnahme bleiben muß. Sie ist aber möglich, wenn der schon erwähnte innere Arkanbereich der Regierung betroffen ist.

Häufige Begründung für eine Verweigerung ist die Erschwerung oder Behinderung öffentlicher Aufgaben.[27] Dieses Argument muß äußerst kritisch betrachtet werden, weil die Untersuchung naturgemäß in die öffentliche Verwaltung eindringen muß. Die Geheimhaltung soll den ungestörten Verwaltungsablauf schützen[28]; die Untersuchung soll aber feststellen, ob die öffentlichen Aufgaben tatsächlich ordnungsgemäß erfüllt worden sind.[29] Eine Auskunftsverweigerung allein aus Gründen des ungestörten Verwaltungsablaufes ist daher unzulässig.

Differenzierter muß die Verweigerung aus Gründen des Staatswohles betrachtet werden. Das Grundgesetz ist im Gegensatz zur Weimarer Reichsverfassung nicht wertneutral. Vielmehr soll das demokratische und freiheitliche System gegen Angriffe von innen und außen geschützt werden. Die Untersuchung darf also nicht dazu dienen, das politische System an sich zu untergraben.

Andererseits besteht die Gefahr, daß dieses Argument mißbraucht wird. Daher muß die Begründung für die Verweigerung so ausführlich und plausibel sein, wie das Geheimhaltungsinteresse es zuläßt.[30] Ist dies erreicht, wird eine Verweigerung der Aussagegenehmigung nur noch in seltenen Ausnahmefällen in Betracht kommen, denn die Möglichkeiten des Geheimschutzes durch Ausschluß der Öffentlichkeit und andere bereits erörterte Maßnahmen sind nahezu umfassend.

Eine gleichermaßen umfassende wie objektive und allgemeine gesetzliche Regelung scheint hier kaum denkbar; ebenso deutlich wurde aber, daß § 54 StPO in diesen Fällen keine Hilfe ist. Daher wird auch in Zukunft das Bundesverfassungsgericht im Wege des Organstreitverfahrens Aufklärungs- und Geheimhaltungsinteresse gegeneinander abzuwägen haben. Der Vollständigkeit halber sei noch darauf hingewiesen, daß die persönlichen Aussageverweigerungsgründe des § 55 StPO selbstverständlich auch für die Zeugen vor Untersuchungsausschüssen gelten: Der Grundsatz »nemo tenetur se ipsum accusare« ist nicht auf den Strafprozeß zuge-

---

27 Vgl. § 62 BBG.
28 *Thieme* (Fn. 16), S. 153.
29 *Ehmke* (Fn. 24), S. 419.
30 Ebenda, S. 419.

schnitten, sondern stellt ein generelles Recht des Zeugen dar. Auch vor dem Untersuchungsausschuß besteht daher ein diesbezügliches Aussageverweigerungsrecht, was auch in § 16 der IPA-Regeln berücksichtigt wird.

Der Bundesgerichtshof hat darüber hinaus die Gefahr der Minister- und Abgeordnetenklage der strafrechtlichen Verfolgung in diesem Punkte gleichgestellt.[31]

III. *Zutrittsrecht der Regierung zu Untersuchungsausschüssen*

Art. 43 Abs. 2 GG gibt den Mitgliedern der Bundesregierung und ihren Beauftragten ein jederzeitiges Zutritts- und Rederecht für alle Sitzungen des Bundestages und seiner Ausschüsse.

Trotz dieses eindeutigen Wortlautes gibt es immer wieder Streitigkeiten bei der Anwendung dieser Vorschrift auf Untersuchungsausschüsse. Interessenkonflikte zwischen Exekutive und Untersuchungsausschuß treten insbesondere dann zutage, wenn die Öffentlichkeit ausgeschlossen ist, die Regierung aber gleichwohl von einem Anwesenheitsrecht Gebrauch machen will.[32]

Vereinzelt wird die Ansicht vertreten, der parlamentarische Untersuchungsausschuß sei kein Ausschuß im Sinne des Art. 43 Abs. 2 GG. Dafür spricht eine »Wesensverwandtschaft (des Untersuchungsverfahrens) mit dem gerichtlichen Verfahren«[33]. Typisch für das Gerichtsverfahren ist die Trennung von Verhandlung und Beratung.[34] Auch das Untersuchungsverfahren läßt sich in mehrere Stadien unterteilen, nämlich Planung, Beweiserhebung und Beschlußfassung.[35] Eine strikte zeitliche Trennung dieser drei Stadien ist aber nur selten möglich; meistens überschneiden sie sich. Das Argument, die Beratung sei keine Sitzung im Sinne des Art. 43 Abs. 2 GG[36], ist aber auch deshalb wenig stichhaltig, weil eine

---

31 BGHSt 17, 128; Darstellung bei *Wagner*, Vernehmungs- und Vereidigungsrecht parlamentarischer Untersuchungsausschüsse, NJW 1960, S. 1936 ff.
32 *H.-W. Meier*, Zitier- und Zutrittsrecht im parlamentarischen Regierungssystem, Berlin 1982, S. 164.
33 *Ph. u. R. Groß*, Zum Zutrittsrecht zu Verhandlungen der Untersuchungsausschüsse nach Art. 43 II GG, JR 1963, S. 335 f.
34 Vgl. § 193 GVG.
35 *Pietzner*, Das Zutrittsrecht der Regierung im parlamentarischen Untersuchungsverfahren, JR 1969, S. 43 ff.
36 *Ph. und R. Groß* (Fn. 33), S. 336.

Beratung, die nicht während einer Sitzung stattfindet, kaum vorstellbar ist.[37]

Der Untersuchungsausschuß nähert sich zwar dem Status eines selbständigen Organs[38], denn bei der Beweiserhebung hat er mehr Rechte als das ihn einsetzende Plenum. Allerdings kann daraus nicht hergeleitet werden, er sei kein Ausschuß im Sinne des Art. 43 Abs. 2 GG, denn auch das Plenum ist nur ein Teil des gesamten Verfassungsorganes »Bundestag«. Eine andere Frage ist, ob sich im Wege der teleologischen Reduktion erreichen läßt, daß das Zutrittsrecht der Regierung hier nicht oder nur eingeschränkt gilt. So hält *Friesenhahn*[39] das Zutritts- und Rederecht der Bundesregierung in solchen Ausschüssen für nicht unbedingt gegeben, die durch Gesetz mit besonderen Aufgaben betraut sind. Ein solches Gesetz wäre hier Art. 44 GG. Ein anderer derartiger Bundestagsausschuß wäre z.B. der Wahlprüfungsausschuß.

Andere wiederum wollen zwischen Kontroll- und Mißstandsenquêten unterscheiden und nur für letztere das Zutrittsrecht beschränken.[40] Außerdem könnte auf diese Weise das Recht der Regierung aus Art. 43 Abs. 2 GG auf Beweiserhebungssitzungen beschränkt werden, so daß sich für Beratungssitzungen Art. 44 Abs. 1 Satz 2 GG als lex specialis durchsetzen würde.[41]

Für eine teleologische Reduktion wäre es erforderlich, daß der Grundgesetzgeber dieses Problem nicht gesehen hat und sonst eine andere Regelung getroffen hätte.

Diese Problematik war aber bei der Aufnahme des Art. 43 in das Grundgesetz keineswegs unbekannt.[42] Auch im Jahre 1967 hat sich der Bundestag in einem interfraktionellen Antrag noch einmal mit ihr beschäftigt. Geplant war die Einfügung eines Absatzes 3 mit folgendem Wortlaut: »Die Vorschrift des Absatzes 2 gilt nicht für die Sitzungen der Untersuchungsausschüsse«.[43] Eine solche Änderung kam jedoch letztlich nicht zustande.

---

37 *Fauser*, Die Stellung der Regierung und ihrer Stellvertreter im Parlament, Diss. Bonn 1973, S. 61.
38 Ebenda, S. 60.
39 *Friesenhahn*, VVDStRL 16 (1958) S. 73, These 18.
40 *Ehmke*, Verhandlungen des 45. DJT, Band II, S. E 7 ff.
41 *Schönfeld*, Das Zitier-, Zutritts- und Rederecht des Artikels 43 Grundgesetz, Diss. Berlin 1974, S. 142.
42 *Meier* (Fn. 32), S. 165 m.w.N.
43 Darstellung bei *Schönfeld* (Fn. 41), S. 132 f.

Eine teleologische Reduktion contra legem und gegen den Willen des Gesetzgebers ist aber nicht möglich. Auch das Bundesverfassungsgericht[44] hat Art. 43 Abs. 2 GG so interpretiert, daß das »Spannungsverhältnis von Exekutive und Parlament ... ein zeitlich unbeschränktes und grundsätzlich unbeschränkbares Recht der Regierung (rechtfertigt), ihren Standpunkt im Parlament darzulegen und zu verteidigen«.

Ebenfalls nicht möglich ist die Annahme eines bestehenden Verfassungsgewohnheitsrechtes, das dieses Recht der Regierung einschränkt. Eine einheitliche Praxis in Bund und Ländern gibt es hier nicht; das Problem ist im Gegenteil sehr umstritten.[45] Eine gewisse Einigkeit besteht allenfalls darüber, daß die Teilnahme eines Regierungsmitgliedes, das später in demselben Ausschuß als Zeuge vernommen werden soll, unerwünscht oder gar unzulässig ist.[46] Dies reicht aber keinesfalls aus, um die Frage als durch Gewohnheitsrecht mittlerweile geklärt zu betrachten.

Damit kann de lege lata das Zutrittsrecht der Regierung zu Untersuchungsausschüssen nur durch das allgemeine Mißbrauchsverbot eingeschränkt werden.[47] Dabei sind allerdings strenge Maßstäbe anzulegen, so daß ein Rechtsmißbrauch der Regierung nur ganz selten zu beweisen sein wird.

IV. *Regelungsbedarf*

Das Recht der Aussage von Beamten und Regierungsmitgliedern vor parlamentarischen Untersuchungsausschüssen ist ein Spiegelbild des Verhältnisses von Exekutive und Parlament. Daher kann der schlichte Verweis auf strafprozessuale Normen in Absatz 2 des Art. 44 GG nicht genügen. Er sollte entfallen. Stattdessen bedarf es eines Gesetzes, das die grundsätzlichen Fragen der Aussagegenehmigung, des Geheimschutzes, der Auskunftspflicht bei dem Untersuchungsausschuß anhaftenden Fehlern, der Reichweite des Arkanbereiches der Regierung etc. regelt.

Ein solches Gesetz muß sicherstellen, daß die Ausschußarbeit nicht durch unbegründete Auskunftsverweigerung behindert wird. Es muß ferner die

---

44 BVerfGE 10, 4 (17 f.).
45 Vgl. Darstellung bei *Fauser* (Fn. 37), S. 62 m.w.N.
46 Ebenda, S. 57 m.w.N.
47 BVerfGE 10, 4 (17 f.); *Meier* (Fn. 32), S. 165 f.

Interessen der Exekutive und besonders des Gemeinwohles schützen. Darüber hinaus muß es sicherstellen, daß diese Streitigkeiten nicht auf dem Rücken der Zeugen ausgetragen werden, die bisher zu oft mit der Entscheidung über die Aussage alleingelassen wurden.

Auch sollte überlegt werden, de lege ferenda das Zutrittsrecht der Regierung zu Untersuchungsausschüssen einzuschränken. Dagegen wird allerdings argumentiert, das Zitierrecht des Art. 43 Abs. 1 GG und das Zutrittsrecht nach Abs. 2 gehörten untrennbar zusammen, ja seien »gegenseitig deckungsfähig«[48]. Auf den ersten Blick scheinen beide Rechte unter dem Gesichtspunkt der »Waffengleichheit« von Parlament und Exekutive tatsächlich kongruent zu sein. Die Entstehungsgeschichte zeigt aber, daß sie nicht gleichzeitig entstanden sind: Das Zutrittsrecht ist älter als das Zitierrecht. Aber auch beider Zielrichtungen sind unterschiedlich: Das Zitierrecht soll bewirken, daß die Regierung nicht nur im Moment der Wahl von der Legislative abhängig ist, sondern sich auch immer wieder zu Einzelfragen vor dem Parlament rechtfertigen muß.

Durch das Zutrittsrecht soll aber nun nicht umgekehrt die Legislative kontrolliert werden; vielmehr bedeutet es eine Möglichkeit zur sachlichen Mitwirkung an den Meinungsbildungsprozessen im Parlament.[49]

Da in der parlamentarischen Demokratie aber die Regierungspartei bzw. -koalition auch in den Ausschüssen über die Mehrheit verfügt, ist eine Mitwirkung der Regierung an der Beratung nicht immer zweckdienlich; sie kann im Gegenteil dazu führen, daß der Konflikt der Ausschußmehrheit zwischen Aufklärungswillen und Loyalität der Regierung gegenüber verstärkt wird, was sich negativ auf den Untersuchungserfolg auswirken könnte.

Die Beratungen der Mißstandsenquêten bieten keinen Anhaltspunkt für die Entfaltung der Integrationsfunktion des Art. 43 Abs. 2 GG; den Kooperationsgedanken dieser Norm auch in Bereichen wirken zu lassen, wo es nicht um Zusammenarbeit, sondern um Kontrolle geht, ist nicht sinnvoll.[50]

Daher scheint eine Änderung des Grundgesetzes hier unerläßlich. Sie sollte zum Inhalt haben, daß der Untersuchungsausschuß der Bundesregierung und ihren Vertretern den Zutritt zu den nichtöffentlichen Sitzungen verwehren kann.

---

48 So der Abg. *Hofmeister* im Niedersächsischen Verfassungsausschuß, 17. Sitzung vom 12.01.1951, Sten. Prot. S. 434.
49 *Schönfeld* (Fn. 41), S. 135.
50 Ebenda, S. 138 m.w.N.

Delia Kortekamp/Rainer Steffens

Rechtsschutz gegen Abschlußberichte von Untersuchungsausschüssen

Im rechtswissenschaftlichen Schrifttum wurde die Frage, ob es Möglichkeiten des Rechtsschutzes gegen Feststellungen in Abschlußberichten von Untersuchungsausschüssen geben könne, mit dem Hinweis auf den insoweit eindeutigen Wortlaut des Art. 44 Abs. 4 Satz 1 GG[1] bisher verneint. Neuerdings haben zwei Beschlüsse – einer des Hamburgischen Oberverwaltungsgerichts[2] und einer des vorinstanzlichen Verwaltungsgerichts[3] – nun die Möglichkeit eröffnet, auch bei der bestehenden Rechtslage unter bestimmten Voraussetzungen die Abschlußberichte einer richterlichen Überprüfung zu unterziehen.

Im folgenden soll das von Art. 44 Abs. 4 Satz 1 GG ausgehende Spannungsverhältnis zwischen der Effektivität der Arbeit von Untersuchungsausschüssen und dem Grundrechtsschutz des Individuums Kontur gewinnen. Dabei stellt sich die Frage, ob die Entscheidung des Grundgesetzgebers für die Effektivität der Arbeit der Untersuchungsausschüsse und gegen den Rechtsschutz der Bedeutung der Grundrechte noch gerecht wird[4], oder ob Art. 44 Abs. 4 Satz 1 GG weiterhin restriktiv auszulegen ist. Außerdem sollen anhand konkreter Vorschläge Verfahren dargestellt werden, durch die ein Betroffener effektiven Rechtsschutz erlangen kann.

---

1 Art. 44 Abs. 4 Satz 1 GG lautet: »Die Beschlüsse der Untersuchungsausschüsse sind der richterlichen Erörterung entzogen.«
2 OVG Hamburg, NVwZ 1987, 611.
3 VG Hamburg, DVBl. 1986, 1017.
4 *Jekewitz* fordert in diesem Zusammenhang sogar die Abschaffung des Art. 44 Abs. 4 Satz 1 GG, s. dazu: Bachmann/Radeck, Tagungsbericht »Bedarf das Recht der parlamentarischen Untersuchungsausschüsse einer Reform?«, DVBl. 1988, 89 ff. (92).

1. *Entstehungsgeschichte des Art. 44 Abs. 4 GG*

1.1. *Justiziabilität von Ausschußberichten in der Weimarer Republik*

Die Weimarer Reichsverfassung enthielt keine dem Art. 44 Abs. 4 GG entsprechende Vorschrift. Das hatte zur Folge, daß im Rahmen von Straf- und Zivilprozessen auch die inhaltliche Richtigkeit der Abschlußberichte von Untersuchungsausschüssen nachprüfbar war.
Untersuchungen darüber, in welchem Umfang von dieser Möglichkeit Gebrauch gemacht wurde, gibt es zwar nicht. Viele Juristen der Weimarer Republik lehnten jedoch eine parallele Durchführung von Untersuchungs- und Strafverfahren ab, weil sie in der parlamentarischen Untersuchungstätigkeit einen Angriff auf die richterliche Unabhängigkeit sahen. So erklärte *Dr. Wunderlich* auf dem 6. Deutschen Richtertag 1925 in Augsburg, »daß die Untersuchungsausschüsse sich zu einer Gefahr für die Strafrechtspflege auswachsen«[5]. *Müller-Meiningen* behauptete sogar, »eine stärkere Sabotage des Rechts kann es nicht geben als die Art der Verhandlung der Untersuchungsausschüsse«[6]. Einstimmig beschloß der Deutsche Richtertag:

> »Von der Notwendigkeit der Aufrechterhaltung einer richterlichen Rechtspflege durchdrungen, erhebt der Deutsche Richtertag lebhaften Widerspruch gegen die Tätigkeit der parlamentarischen Untersuchungsausschüsse neben dem ordentlichen Strafverfahren. Eine solche Ausdehnung der parlamentarischen Untersuchung dient nicht der objektiven Wahrheitserforschung, sie bedeutet die parteiische Durchkreuzung der Wahrheitsermittlung durch die unparteiischen Organe der Rechtspflege«[7].

Auch der 34. Deutsche Juristentag befaßte sich mit den Problemen, die ein Untersuchungsverfahren mit sich bringen kann. Bezeichnend für die Einstellung zum parlamentarischen Untersuchungsrecht ist die Fragestellung, unter der dieses Thema diskutiert wurde:

> »Empfiehlt sich eine Abänderung der Bestimmungen über parlamentarische Untersuchungsausschüsse, um den ungestörten Verlauf des Strafverfahrens und die Unabhängigkeit des Richtertums sicherzustellen?«[8].

---

5 Zitiert nach *Rosenberg*, Verhandlungen des 34. DJT, Bd. I (Gutachten), S. 6.
6 Ebenda, S. 7.
7 JW 1925, S. 2181.
8 Verhandlungen des 34. Deutschen Juristentages (Fn. 5), S. 3.

Der Gutachter *Rosenberg* sah als einzig sicheres Mittel gegen die »Gefahren, welche durch die gleichzeitige Führung einer gerichtlichen und einer parlamentarischen Untersuchung hervorgerufen werden«, eine Verfassungsänderung dahingehend, »daß die parlamentarische Untersuchung eines Verbrechens oder Vergehens erst beginnen darf, wenn das gerichtliche Strafverfahren beendigt ist«[9].

Die Erhebung einer Klage unmittelbar gegen den Abschlußbericht eines Untersuchungsausschusses war allerdings in der Weimarer Republik nicht möglich. Einen effektiven Rechtsschutz gegen Maßnahmen der öffentlichen Gewalt, wie er heute durch die Rechtsweggarantie des Art. 19 Abs. 4 GG gewährleistet wird, gab es damals nämlich nicht. Art. 107 WRV, der das Bestehen von Verwaltungsgerichten im Reich und in den Ländern zum Schutz vor Verwaltungshandeln verlangte, sollte nur eine Direktive für den Gesetzgeber und kein subjektives öffentliches Recht auf gerichtlichen Rechtsschutz zum Ausdruck bringen. Außerdem konnten bei diesen Gerichten nur bereits ergangene Verwaltungsakte angefochten werden[10].

1.2. *Abschlußberichte in den Beratungen zum Grundgesetz*

Die Diskussionen in den Beratungen zum Grundgesetz waren von den Erfahrungen in der Weimarer Republik geprägt. Bereits der Verfassungskonvent auf Herrenchiemsee befaßte sich ausführlich mit der Frage, ob in das Grundgesetz eine Regelung aufgenommen werden sollte, die eine gerichtliche Überprüfung der Feststellungen eines Untersuchungsausschusses ermöglicht.

Dr. Baade (SPD), gegen den in der Weimarer Republik als Reichskommissar für Getreidewirtschaft ein Untersuchungsausschuß einen Tadel ausgesprochen hatte, wogegen er sich lediglich mit Beantragung eines Disziplinarverfahrens gegen sich selbst wehren konnte, hielt eine solche Regelung für unerläßlich:

»Ich halte es für eine absolute Lücke der Weimarer Verfassung und für eine Lücke im Rechtsschutz, daß ein parlamentarischer Untersuchungsausschuß in dieser Weise mit der Möglichkeit der eidlichen Vernehmung von Zeugen und mit dem ganzen Apparat der StPO auftreten und die Tätigkeit von Beamten

---

9 Ebenda, S. 28.
10 *Schenke*, Die Rechtsschutzgarantie des Art. 19 Abs. 4 GG, Hamburg 1982, S. 30.

einer rein politischen Kritik unterstellen kann, ohne daß die Möglichkeit einer Revision in einem geordneten Verfahren gegeben ist«[11].

Carlo Schmid (SPD) hielt dem entgegen, daß man auch einen aus politischen Gründen ausgesprochenen Tadel mit in Kauf nehmen müsse, wenn man sich für ein parlamentarisches System mit seinen Konsequenzen entscheiden wolle[12].
Letztlich stimmte die Mehrheit in dieser Sitzung dafür, einen Ehrenschutz und die Garantie der Einhaltung minimaler Verfahrensanforderungen in Art. 57 Abs. 5 Herrenchiemsee-Entwurf aufzunehmen:

»Wer durch die Feststellungen des Ausschusses in seiner Ehre betroffen ist, kann das Bundesverfassungsgericht anrufen, wenn er die Mindestgrundsätze eines geordneten Verfahrens, namentlich sein Recht auf Gehör, verletzt glaubt. Ist die Beschwerde begründet, so erkennt das Gericht, daß die Feststellungen des Ausschusses nicht nach Vorschrift der Gesetze getroffen sind.«

Im Organisationsausschuß des Parlamentarischen Rates wurde dieser Passus wieder gestrichen, weil die Verfassung nicht mit etwas belastet werden sollte, »was Anlaß zu Komplikationen und politischen Streitigkeiten gegen könnte«[13].
Da der Allgemeine Redaktionsausschuß die Diskussion um die Frage der gerichtlichen Überprüfung von Feststellungen der Untersuchungsausschüsse im Hauptausschuß des Parlamentarischen Rates »noch einmal in Gang bringen«[14] wollte, wurde der Absatz zunächst wieder aufgenommen. Die Mehrheit der Mitglieder des Hauptausschusses stimmte jedoch in der 2. Sitzung wieder für Streichung und schloß sich damit dem Standpunkt des Abgeordneten *Dr. Katz* (SPD) an, für diese in der Praxis sehr seltenen Fällen keinen besonderen Ehrenschutz neben der vorhandenen Gerichtsbarkeit verfassungsrechtlich zu normieren[15].
Ebenfalls in der 2. Sitzung stellte *Dr. Menzel* (SPD) den Antrag, folgenden neuen Absatz einzufügen:

---

11 Verfassungskonvent auf Herrenchiemsee, 10. Plenarsitzung, Stenographische Protokolle S. 53.
12 Ebenda, S. 56 f.
13 Parlamentarischer Rat, Organisationsausschuß, 6. Sitzung, Stenographische Protokolle S. 59.
14 Parlamentarischer Rat, Hauptausschuß, 2. Sitzung, Stenographische Protokolle S. 18.
15 Ebenda, S. 19.

»Die Tätigkeit des Untersuchungsausschusses unterliegt keiner richterlichen Nachprüfung.«[16] Damit solle vermieden werden, »daß irgendein Gericht – vielleicht irgendein Amtsgericht – sich zu einer Kontrollinstanz über den Landtag oder einen seiner Ausschüsse aufwirft«[17].
Wegen Bedenken im Hinblick auf den Grundsatz der richterlichen Unabhängigkeit wurde dieser Antrag zunächst abgelehnt[18], später aber erneut gestellt, weil eine »Kritik des Richters an der parlamentarischen Tätigkeit ausgeschaltet werden«[19] sollte.
Nach verschiedenen Formulierungsänderungen im Laufe der Ausschußberatungen wurde schließlich der heutige Art. 44 Abs. 4 GG angenommen.
Die Diskussion macht deutlich, daß eine Ausnahmeregelung zu Art. 19 Abs. 4 GG geschaffen werden sollte, die eine Untergrabung der parlamentarischen Untersuchungstätigkeit durch die Gerichte – wie es in der Weimarer Republik möglich war – verhindert.

2. *Gerichtsfreiheit von Abschlußberichten*

2.1. *Beschlüsse im Sinne des Art. 44 Abs. 4 Satz 1 GG*

Art. 44 Abs. 4 Satz 1 GG läßt offen, welche Art von Beschlüssen nicht justiziabel sein sollen. In Rechtsprechung und Literatur ist jedoch allgemein anerkannt, daß nur die verfahrensabschließenden Beschlüsse, die Tatsachenfeststellungen, Schlußfolgerungen und Wertungen des Untersuchungsausschusses beinhalten, gemeint sind[20].
Diese enge – Sinn und Zweck des Art. 44 Abs. 4 GG wahrende – Auslegung ist wegen der großen Bedeutung des Art. 19 Abs. 4 GG geboten.
Sinn und Zweck des Art. 44 GG ist es, dem Parlament unabhängig von Regierung, Behörden und Gerichten die Möglichkeit zu geben, Sachver-

---

16 Ebenda, S. 15.
17 Ebenda.
18 Ebenda, S. 18.
19 Parlamentarischer Rat, Hauptausschuß, 32. Sitzung, Stenographische Protokolle S. 393 (Abg. *Dr. Katz*).
20 Vgl. VG Mainz, NVwZ 1986, S. 589; OVG Berlin, DVBl. 1970, S. 293; *Hilf*, Untersuchungsausschüsse vor den Gerichten, NVwZ 1987, S. 543; *H.-P. Schneider*, in: AK-GG, Art. 44, Rdnr. 10.

halte zu prüfen[21], um so die Grundlage für eine effektive Kontrolle der Exekutive zu schaffen. Die Untersuchungsausschüsse üben das Untersuchungsrecht für das Parlament aus. Im Mittelpunkt ihrer Tätigkeit steht daher der Abschlußbericht, der dem Plenum zur Information vorgelegt wird. Dieser Bericht soll durch Art. 44 Abs. 4 Satz 1 GG geschützt werden[22].

In der Literatur wurde zum Teil als Kriterium zur Abgrenzung zwischen gerichtsfreien und justiziablen Beschlüssen die unmittelbare Rechtswirkung des Beschlusses gegenüber dem Bürger genannt[23]. Da jedoch in Ausnahmefällen eine Beeinträchtigung subjektiv-öffentlicher Rechte Dritter auch durch Abschlußberichte möglich ist – insbesondere wegen der rein tatsächlichen Wirkung seines argumentativen Gehalts[24] –, ist dieses Kriterium untauglich.

2.2. *Untersuchungsausschuß und richterliche Unabhängigkeit*

Angesichts des Art. 44 Abs. 4 Satz 2 GG stellt sich die Frage, ob Art. 44 Abs. 4 Satz 1 GG die normierte Gerichtsfreiheit der Abschlußberichte einschränkt. Nach dieser Vorschrift sind die Gerichte in der Würdigung und Beurteilung des der Untersuchung zugrunde liegenden Sachverhalts frei. Die von *Maunz* als »äußerst unglücklich gefaßte« und daher als »schwer verständlich« bezeichnete Vorschrift[25] besagt, daß die gleichzeitige Untersuchung desselben Sachverhalts durch einen Untersuchungsausschuß und ein Gericht im Hinblick auf die Verschiedenheit der Untersuchungszwecke – Vorbereitung eines Parlamentsbeschlusses, Vorbereitung einer gerichtlichen Entscheidung – nicht ausgeschlossen ist[26]. Beide Verfahren sind rechtlich selbständig und voneinander unabhängig. Die Beschlüsse der Untersuchungsausschüsse haben nur Tatbestandswirkung,

---

21 Vgl. BVerfGE 49, 70 (85).
22 Vgl. VG Hamburg (Fn. 3), S. 1019.
23 Anders *Kipke*, Die Untersuchungsausschüsse des Deutschen Bundestages, Berlin 1985, S. 47.
24 Vgl. VG Hamburg (Fn. 3), S. 1019; *Haverkate*, Der Schutz subjektiv-öffentlicher Rechte in der Rechnungsprüfung, AöR 107 (1982), S. 552, in bezug auf Rechnungshofberichte.
25 *Maunz*, in: Maunz/Dürig, Kommentar zum Grundgesetz, Art. 44, Rdnr. 61.
26 Vgl. *v. Mangoldt/Klein/Starck*, Grundgesetz, Art. 44, Anm. IV 1; *Maunz*, in: Maunz/Dürig (Fn. 25), Art. 44, Rdnr. 62.

d.h. die Gerichte sind lediglich an die Tatsache ihrer Existenz gebunden, nicht aber an ihren Inhalt[27].

Den dem Abschlußbericht des Untersuchungsausschusses zugrunde liegenden Sachverhalt können die Gerichte erneut eigenständig ermitteln und bewerten. Dem Rechtsschutzsuchenden ist mithin die Möglichkeit eingeräumt, die Feststellungen und Bewertungen des Untersuchungsausschusses mittelbar anzufechten, indem er ein Gerichtsverfahren anstrengt; in diesem kann er sich durch geeignete Beweismittel entlasten. Das vermag ihn unter Umständen partiell zu rehabilitieren. Jedoch wird ein gerichtliches Urteil meist als solches hinter der Öffentlichkeitswirkung eines Abschlußberichts zurücktreten. Dieser wird in aller Regel in den Medien publiziert und kommentiert. Art. 44 Abs. 4 Satz 2 GG bietet insofern also keine hinreichende Möglichkeit, den Abschlußbericht selbst einer richterlichen Bewertung zugänglich zu machen, also gegen ihn effektiven, mittelbaren Rechtsschutz zu gewährleisten.

2.3. *Die Regelungen in den Länderverfassungen*

Ein Blick in die Länderverfassungen zeigt, daß diese entweder überhaupt keine Bestimmungen über den Rechtsschutz gegen Abschlußberichte enthalten[28] oder aber sich in den Formulierungen ganz eng am Text des Grundgesetzes orientieren[29]. Bezüglich der Länderverfassungen ohne entsprechende Bestimmungen finden sich in Literatur und Rechtsprechung unterschiedliche Ansichten; überzeugende Begründungen liefert indes keiner. So will *Rupp-v. Brünneck*[30] mit Blick auf die hessische Verfassung keinen Rechtsschutz zugestehen mit der lapidaren Begründung, dies folge aus dem Zweck des Untersuchungsrechts und daraus, daß sich die Untersuchungen im Autonomie-Bereich des Landtages vollzögen[31]. Eine Justiziabilität wird dagegen von *Schmidt-Aßmann* behauptet, ohne daß er dieses näher begründet[32].

---

27 Vgl. *Schneider* (Fn. 20), Art. 44, Rdnr. 10; zur Verdeutlichung sei hier auf das Beispiel bei *Maunz*, in: Maunz/Dürig (Fn. 25), Art. 44, Rdnr. 65 hingewiesen.
28 So in Bayern, Bremen, Hessen, Rheinland-Pfalz, Baden-Württemberg und im Saarland.
29 So in Berlin, Hamburg, Niedersachsen, Nordrhein-Westfalen und Schleswig-Holstein.
30 In: *Zinn/Stein*, Kommentar zur Verfassung des Landes Hessen (Stand: September 1984), Art. 92, Erl. 2d.
31 Vgl. auch OLG München, BayVBl. 19, 75, 56; das Gericht lehnt Rechtsschutz mit einem pauschalen Hinweis auf die Gewaltenteilung ab.
32 In: *Maunz/Dürig* (Fn. 25), Art. 19 Abs. 4, Rdnr. 33.

Als problematisch könnte sich die Frage nach der Kompetenz des Landesverfassungsgebers zur Einschränkung des Art. 19 Abs. 4 GG erweisen. Diese Frage wird in den Urteilen der Hamburger Gerichte gar nicht erst erwähnt. Diese Gerichte betrachten Art. 25 Abs. 6 Satz 1 der Hamburgischen Landesverfassung praktisch als identisch mit Art. 44 Abs. 4 Satz 1 GG und leiten dessen Gültigkeit aus der Entstehungsgeschichte des Grundgesetzes ab. Die Beschränkung des Art. 19 Abs. 4 GG ist im Grundgesetz durch Art. 44 Abs. 4 Satz 1 normiert. Ob ein Landesverfassungsgeber zu einer Beschränkung dieser Grundsatznorm[33] legitimiert ist und ob eine entsprechende Übertragung durch Auslegung vorgenommen werden darf[34], läßt sich nur im Zusammenhang mit einer Betrachtung der eigenständigen Bedeutung der Länderverfassungen im Verhältnis zum Grundgesetz beurteilen. Nach Art. 28 Abs. 1 Satz 1 GG müssen die Verfassungen der einzelnen Länder den Grundsätzen des republikanischen, demokratischen und sozialen Rechtsstaates im Sinne des Grundgesetzes entsprechen. Diese »Homogenitätsklausel«[35] ist vom Bundesverfassungsgericht stets eng ausgelegt worden[36], um den durch das Grundgesetz garantierten weiten Gestaltungsspielraum des Landesverfassungsgebers zu garantieren.

Dessen Befugnis zur Normierung der Gerichtsfreiheit ergibt sich aus folgender Überlegung:

Angesichts des Bedeutungszuwachses, den die Untersuchungsausschüsse durch ihre effektive Arbeit in den letzten Jahren (z.B. »Flick«- und »Barschel«-Untersuchungsausschuß) für sich reklamieren können, ist ihre Bedeutung als Organ der Exekutivkontrolle gestiegen. Nicht zuletzt durch die Garantie der Unabhängigkeit von den anderen Staatsgewalten haben sich Untersuchungsausschüsse zu einem entscheidenden Element der Demokratie und Rechtstattlichkeit entwickelt und profiliert. Als solches ist ihre Unabhängigkeit in den Länderverfassungen zu garantieren. Somit öffnet das »Homogenitätsgebot« nicht nur die Möglichkeit, sondern fordert geradezu eine dem Art. 44 Abs. 4 Satz 1 GG vergleichbaren Norm.

---

33 *Antoni*, in: Seifert/Hömig (Hrsg.), Grundgesetz, 2. Aufl. 1985, Art. 19 Abs. 4, Rdnr. 12.
34 So auch *Dickersbach*: »Dieser Ausschluß gilt (. . .), weil Art. 19 IV GG durch Art. 44 IV 1 GG eingeschränkt ist und davon ausgegangen werden kann, daß Art. 19 IV GG nur mit einer entsprechenden Einschränkung für die UA der Landtage Vorrang vor der Landesverfassung beansprucht.«, in: Geller/Kleinrahm, Die Verfassung des Landes Nordrhein-Westfalen, Göttingen 1982, S. 17 (Anm. 10d).
35 Vgl. *Schneider*, Verfassungsrecht der Länder – Relikt oder Rezept?, DÖV 1987, 749 ff.
36 Vgl. BVerfGE 9, 268 (279); 24, 367 (390).

Nichtsdestotrotz kann beim Fehlen einer diesbezüglichen Verfassungsnorm eine Einschränkung der Rechtsschutzgarantie nicht hergeleitet werden. Somit wäre in jenen Ländern die grundsätzliche Justiziabilität der Abschlußberichte anzunehmen, denen eine Art. 44 Abs. 4 Satz 1 GG entsprechende Norm fehlt.

3.4. *Grenzen der Gerichtsfreiheit*

3.4.1. *Rechtsschutz unter Beachtung des Gebots der Herstellung »praktischer Konkordanz«*

Nach den Beschlüssen des Oberverwaltungsgerichts Hamburg und des vorinstanzlichen Verwaltungsgerichts kann der Grundsatz der Unüberprüfbarkeit der Abschlußberichte dann durchbrochen werden, wenn die Verletzung der Grundrechte zum Nachteil eines Betroffenen so gewichtig sei, daß sie dem Gewicht des parlamentarischen Kontrollrechts zumindest gleichkomme. Dies gebiete das Gebot zur Herstellung praktischer Konkordanz zwischen widerstreitenden Verfassungssätzen[37].

Die Konstruktion des Rechtsschutzes im Wege praktischer Konkordanz läuft jedoch Gefahr, eine unzulässige Verfassungsänderung durch Interpretation vorzunehmen. Die Anwendung des Grundsatzes der praktischen Konkordanz setzt voraus, daß die Verfassungsnorm Raum für eine Interpretation läßt. Dies könnte bei Art. 44 Abs. 4 Satz 1 GG insoweit problematisch sein, als sein Wortlaut eindeutig ist. Die Grenzen der Verfassungsinterpretation sollen aber da liegen, wo eine Lösung dem Normtext eindeutig widerspräche[38]. Wie in Kapitel 3.1. dargestellt, meint der Begriff »Beschlüsse« in Art. 44 Abs. 4 Satz 1 GG in erster Linie die Abschlußberichte der Untersuchungsausschüsse.

Eine Interpretation, nach der Rechtsschutz gegen Abschlußberichte möglich sein soll, ist also nicht zulässig.

Es stellt sich aber die Frage, ob Art. 44 Abs. 4 Satz 1 GG nicht Raum für eine Interpretation läßt, durch die nur einzelne Feststellungen und Bewertungen aus den Abschlußberichten (jene, durch die Grundrechte eines Dritten irreversibel beeinträchtigt werden könnten) der richterlichen Erörterung zugänglich gemacht werden. Eine solche Interpretation würde

---

37 OVG Hamburg (Fn. 2), 611; VG Hamburg (Fn. 3), 1021.
38 *Hesse*, Grundzüge des Verfassungsrechts der Bundesrepublik Deutschland, 16. Aufl., Heidelberg 1988, Rdnr. 79.

neben der »praktischen Konkordanz« auch durch andere Prinzipien der Verfassungsinterpretation geboten sein. So setzt das Prinzip der »Einheit der Verfassung«[39] voraus, daß alle Verfassungsnormen so zu interpretieren sind, daß Widersprüche zu anderen Verfassungsnormen vermieden werden[40]. Eine in dem oben beschriebenen Sinne verstandene Auslegung des Art. 44 Abs. 4 Satz 1 GG würde den Ausnahmecharakter dieser Norm bezüglich der Rechtsweggarantie des Art. 19 Abs. 4 GG abschwächen und dem das Rechtssystem beherrschenden Grundsatz der Rechtsschutzgarantie eine universelle Geltung verschaffen. Diese entspräche auch der »normativen Kraft der Verfassung«[41]. Danach ist zur Aktualisierung der Verfassung bei der Lösung verfassungsrechtlicher Probleme denjenigen Gesichtspunkten der Vorzug zu geben, die unter den jeweiligen Voraussetzungen den Normen der Verfassung zu optimaler Wirkungskraft verhelfen. Berücksichtigt man die wachsende Bedeutung, die dem Rechtsschutz des einzelnen gegen hoheitliche Maßnahmen im Laufe der letzten Jahre zugekommen ist[42], so ist eine Interpretation des Art. 44 Abs. 4 Satz 1 GG in diesem engen Rahmen zulässig.

Wo die Grenze der Unüberprüfbarkeit im Rahmen sich widerstreitender Verfassungsgrundsätze zu ziehen ist bzw. welcher Intensitätsgrad einer Grundrechtsverletzung erreicht sein muß, ist schwer zu entscheiden. Deshalb sind Kriterien nötig, die für den konkreten Einzelfall eine Lösung herbeiführen.

Rechtsschutz gegen Feststellungen und Bewertungen von Untersuchungsausschüssen muß jedenfalls dann möglich sein, wenn die Grundrechte des Individuums faktisch willkürlich beeinträchtigt werden. Hier kommt insbesondere ein Verstoß gegen die Menschenwürde in Betracht, die als unmittelbar wirksame Norm des objektiven Verfassungsrechts in der Form einer allgemeingültigen Generalklausel der staatlichen Hoheitsgewalt in allen Aufgabenbereichen eine unüberschreitbare Grenze setzt[43]. Art. 1 Abs. 1 Satz 1 GG gibt einen obersten Grundsatz an, gegenüber

---

39 *Hesse* (Fn. 38), Rdnr. 71, beschreibt diesen Begriff als den Zusammenhang und die Interdependenz der einzelnen Elemente der Verfassung, die die Notwendigkeit begründen, die Normen der Verfassung in einem Gesamtzusammenhang zu sehen. Kritisch hierzu aber *Müller*, der diesen Begriff für überflüssig hält, in: ders., Einheit der Verfassung, Berlin 1979.
40 *Hesse* (Fn. 38), Rdnr. 71.
41 Ebenda, Rdnr. 75.
42 Vgl. für den Bereich Umweltschutz: *Beckmann*, Verwaltungsgerichtlicher Rechtsschutz im raumbedeutsamen Umweltrecht, Münster 1987.
43 Vgl. *v. Mangoldt/Klein/Starck* (Fn. 26), Art. 1, Anm. III 1b.

dem alle staatlichen Interessen zurückzustehen haben. Als Verletzung der Menschenwürde durch die öffentliche Gewalt kommen insbesondere Diffamierungen, Erniedrigungen und Diskriminierungen in Betracht[44]. Neben dem aus Art. 1 Abs. 1 und Art. 2 Abs. 2 GG abgeleiteten allgemeinen Persönlichkeitsrecht (wodurch jemand vor ehrverletzenden Eingriffen geschützt ist) bildet auch das Willkürverbot des Art. 3 GG eine unüberschreitbare Grenze. Die Untersuchungsausschüsse dürfen sich bei der Untersuchung nicht von sachfremden Erwägungen leiten lassen. Die parlamentarische Untersuchung muß ohne »Ansehen der Person« durchgeführt werden. Durch Willkür gekennzeichnete Bewertungen über bestimmte Personen stellen einen Verstoß gegen Art. 3 GG dar[45].
Im Ergebnis ist also Rechtsschutz gegen Teile von Abschlußberichten trotz Art. 44 Abs. 4 Satz 1 GG durchaus möglich[46].

3.2. Rechtsschutz bei Verfahrensverletzungen?

Neben Rechtsschutz gegen die Verletzung materiellen Rechts wäre auch Rechtsschutz bei Mißachtung wichtiger Verfahrensgrundsätze denkbar. Unter Umständen könnte der Betroffene durch die Geltendmachung einer Verletzung prozessualer Rechte die Veröffentlichung eines Abschlußberichtes zunächst verhindern.
Diese Frage wird im folgenden am Beispiel des Grundsatzes des rechtlichen Gehörs erörtert, wobei der Argumentationslinie des Verwaltungsgerichts Hamburg[47] gefolgt wird:
Das Recht auf Gehör im Untersuchungsverfahren ist nicht unmittelbar aus Art. 103 Abs. 1 GG abzuleiten, weil der Untersuchungsausschuß kein Gericht ist; doch Art. 1 Abs. 1 GG, der die Würde des Menschen garantiert und dadurch verbietet, den Bürger zum Objekt staatlichen Handelns zu machen, gebietet es i.V.m. Art. 103 Abs. 1 GG, einem Betroffenen die Möglichkeit einzuräumen, den Sachverhalt aus seiner Sicht darzustellen[48].

---

44 Vgl. BVerfGE 1, 109.
45 Vgl. *Cordes*, Das Recht der Untersuchungsausschüsse des Bundestages, Diss. Münster 1958, S. 178 f.
46 Dieser würde zwar zu einem Herausschieben der Verbreitung des Abschlußberichtes bis zur Heilung der Grundrechtsverletzung führen, aber noch nicht mit einer Kontrolle des Berichts durch die Gerichte verbunden sein.
47 VG Hamburg (Fn. 3), S. 1017 ff.
48 BVerfGE 9, 95.

Daneben enthält das Rechtsstaatsprinzip durch das Gebot der materiellen Richtigkeit bzw. Gerechtigkeit das Recht auf ein faires Verfahren[49].

Der Verstoß des Untersuchungsausschusses gegen das Recht auf Gehör eröffnet allerdings keinen gerichtlichen Rechtsschutz für den Betroffenen. Der Parlamentarische Rat hat diese Möglichkeit bewußt ausgeschlossen; überdies sprechen systematische Erwägungen dagegen.

Verfahren hat nämlich »grundsätzlich eine dienende Funktion in bezug auf die Sicherstellung der materiellen Richtigkeit eines mit Hilfe des Verfahrens zu findenden Ergebnisses«[50]. Die Rüge von Verfahrensfehlern ist deshalb meist nur im Rahmen der Sachentscheidung möglich[51]. Art. 44 Abs. 4 Satz 1 GG schließt aber eine Überprüfung der Sachentscheidung generell aus. Greift der Verfahrensfehler dagegen unmittelbar in Rechte Dritter ein, so kann er auch unabhängig von der Sachentscheidung gerügt werden. Das ist bei dem Anhörungsrecht aber nur ausnahmsweise der Fall, und zwar dann, wenn rechtliches Gehör wegen eines vorverlagerten Rechtsschutzes in besonders gestalteten Verfahren erforderlich ist. Ein Beispiel hierfür ist das atomrechtliche Genehmigungsverfahren[52]. Ein solcher Fall liegt beim Untersuchungsverfahren jedoch nicht vor. Zudem würde die Möglichkeit des Rechtsschutzes gegen Verfahrensverstöße, genauso wie gegen den Abschlußbericht selbst, die Aushöhlung des Art. 44 Abs. 4 Satz 1 GG bedeuten, weil er die ungehinderte Tätigkeit des Untersuchungsausschusses beeinträchtigen würde.

4. *Rechtsweg bei drohendem Grundrechtsentzug*

Bejaht man unter den oben genannten Voraussetzungen einen Anspruch auf Rechtsschutz gegenüber Feststellungen und Bewertungen von Untersuchungsausschüssen im Abschlußbericht, so stellt sich die Frage, vor welcher Gerichtsbarkeit dieser zu suchen wäre.

Es handelt sich nicht um eine zivilrechtliche Streitigkeit, weil der parlamentarische Untersuchungsausschuß als Unterorgan des Parlaments hoheitliche Befugnisse wahrnimmt. In Betracht käme somit der Verwaltungs- oder der Verfassungsrechtsweg.

---

49 BVerfGE 49, 55.
50 VG Hamburg (Fn. 3), S. 1019.
51 Vgl. *Badura*, in: Erichsen/Martens (Hrsg.), Allgemeines Verwaltungsrecht, 8. Aufl., Berlin/New York 1988, S. 428 f.
52 BVerfGE 53, 51.

Verfassungsrechtlich ist eine Streitigkeit, »wenn die Auslegung und Anwendung der Verfassung den eigentlichen Kern des Rechtsstreits bilden«[53]. Darunter fallen Streitigkeiten zwischen am Verfassungsleben unmittelbar beteiligten Rechtsträgern und Streitigkeiten, durch die ein Bürger auf ein Rechtsverhältnis verfassungsrechtlicher Natur zwischen Dritten einwirken will.

Für die Klage gegen einen Abschlußbericht könnte die zweite Alternative in Betracht kommen. Das Rechtsverhältnis zwischen Untersuchungsausschuß und Parlament wird durch Art. 44 GG bestimmt; es ist damit verfassungsrechtlicher Natur. Ob durch eine Klage gegen einen Abschlußbericht in dieses Rechtsverhältnis eingegriffen wird, hängt vom Umfang des Klagebegehrens ab. Würde z.B. die Rücknahme eines ganzen Berichtes begehrt werden, läge auf jeden Fall ein Eingriff in das Rechtsverhältnis zwischen Untersuchungsausschuß und Parlament und damit eine verfassungsrechtliche Streitigkeit vor[54]. »Werden hingegen nur einzelne Passagen eines solchen Berichts angegriffen mit dem Ziel, die Verbreitung ehrverletzender Darstellungen zum Zweck des Persönlichkeitsschutzes zu hindern, ist Zentrum der Streitigkeit nicht das verfassungsrechtlich geordnete Verhältnis von UA und Plenum, sondern der Schutz der Ehre des betroffenen Bürgers. Ein solcher Rechtsstreit ist nicht verfassungsrechtlicher Art«[55].

Für Rechnungshofberichte (Art. 114 Abs. 2 GG) und Antworten auf Anfragen im Bundestag (Art. 43 Abs. 1 GG i.V.m. §§ 100 ff. GO-BT) gilt dasselbe. Die Berichte des Bundesamtes für Verfassungsschutz bzw. des Bundesministers des Innern über Bestrebungen, die gegen die freiheitliche demokratische Grundordnung gerichtet sind, haben hingegen keine Grundlage in der Verfassung; hier ist immer der Verwaltungsrechtsweg gegeben.

5. Sonstige »Rechtsschutz«-Möglichkeiten de lege lata

5.1. Selbstanzeige

Ist jemand durch den Abschlußbericht eines Untersuchungsausschusses betroffen, so kann er zu seinem Schutz ein Verfahren gegen sich einleiten,

---

53 OVG Münster, NVwZ 1987, S. 608.
54 So auch VG Hamburg (Fn. 3), S. 1018; *Haverkate* (Fn. 24), S. 558 f.
55 VG Hamburg (Fn. 3), S. 1018.

z.B. als Beamter ein Disziplinarverfahren, als Staatsbürger ein Strafverfahren. Diese Möglichkeiten richten sich nach den Vorschriften und Voraussetzungen, die die jeweiligen Gesetze (Bundesdisziplinarordnung, Strafprozeßordnung) normieren. Denkbar ist auch eine Feststellungsklage gemäß § 256 ZPO.

In solchen Verfahren erforscht das Gericht selbständig den Sachverhalt und erläßt unabhängig von dem Beschluß des Untersuchungsausschusses eine Entscheidung. Diese Entscheidung des zuständigen Gerichts kann dem Beschluß des Untersuchungsausschusses inhaltlich entgegenstehen und somit zugunsten des »Betroffenen« ergehen. Dadurch ist der Beschluß des Untersuchungsausschusses zwar nicht aufgehoben. In der öffentlichen Meinung kann der Betroffene jedoch unter Umständen durch eine solche entgegenstehende Entscheidung eines Gerichts rehabilitiert sein[56].

5.2. *Petition*

Ein Betroffener kann sich weiterhin (außerhalb des förmlichen Rechtsbehelfsverfahrens) gemäß Art. 17 GG durch Petitionen an den Untersuchungsausschuß oder an den Bundestag wenden. Rechtsschutz im eigentlichen Sinne ist hierdurch nicht gegeben.

6. ... *de lege ferenda*

Wir sind der Ansicht, daß die Einräumung individuellen Rechtsschutzes gegen Abschlußberichte rechtspolitisch verfehlt wäre. Angesichts der wenigen Fälle, in denen eine Grundrechtsverletzung überhaupt reklamiert worden ist, stünde ein Abweichen vom Zweck des Art. 44 Abs. 4 GG, Kritikschutz zu garantieren, außer Verhältnis. Deshalb bedarf es einer Verfassungsänderung, die eine richterliche Erörterung in bestimmten Fällen zuläßt, ebenso wenig wie eines besonderen Klageweges zum Bundesverfassungsgericht. Um den Fällen, in denen Beschlüsse von Untersuchungsausschüssen Grundrechte verletzen, gerecht zu werden, sind aber Verfahren erforderlich, durch die präventiv und außergerichtlich bei begründetem Anlaß die Abschlußberichte zugunsten des Betroffenen abgeändert werden. Im folgenden sind einige dieser Möglichkeiten ansatzweise dargestellt.

---

56 Siehe dazu die Ausführungen unter 3.2.

6.1. Sondervotum oder Recht auf Gegendarstellung

Ein »Recht auf Gegendarstellung«, das einem Betroffenen oder Dritten zusteht, kann geeignet sein, rechtsverletzende Aussagen der Abschlußberichte zu relativieren. In Anlehnung an § 11 Nds.PresseG könnte ein zu schaffendes Untersuchungsausschuß-Gesetz eine Regelung aufnehmen, die die Voraussetzungen und den Kreis derjenigen normiert, die dieses Recht für sich in Anspruch nehmen könnten. Die Gegendarstellung kann als Anhang dem Abschlußbericht beigefügt oder als BT-Drucksache dem Bundestag gesondert vorgelegt werden. Ein solches Recht auf Gegendarstellung könnte so gestaltet sein, daß die Voraussetzungen zu seiner Inanspruchnahme schon unterhalb der Schwelle schwerwiegender Grundrechtsbeeinträchtigungen erfüllt ist.

6.2. Parlamentsinterner Widerspruch

Als weitere Möglichkeit wäre eine Art Widerspruchsverfahren denkbar. Ein Betroffener bekäme dadurch die Chance, die Diskussion über den Abschlußbericht noch einmal anzuregen. Außerdem hätte dieses Verfahren die Funktion einer Selbstkontrolle des Parlaments.
Da dieses Verfahren schwerlich vor dem gesamten Parlament durchführbar wäre, müßte ein besonderer Ausschuß geschaffen werden, der entweder nur mit Parlamentariern besetzt ist – beispielsweise der Untersuchungsausschuß selbst (gegebenenfalls unter Umkehrung der Mehrheitsverhältnisse), das Präsidium oder der Ältestenrat, oder aber aus Nicht-Parlamentariern besteht, z.B. Richtern und Sachverständigen. Es dürfte dadurch allerdings nicht der Eindruck eines unabhängigen Gremiums entstehen, weil auch ein solcher Ausschuß nicht zu einem neutralen Ergebnis kommen könnte.
Ein parlamentarisches Widerspruchsverfahren könnte allerdings eine unverhältnismäßige zeitliche Verzögerung des Verfahrens mit sich bringen, weil der Untersuchungsausschuß wegen der aufschiebenden Wirkung den Abschluß des Verfahrens abzuwarten hätte. Um die Effektivität des Untersuchungsverfahrens nicht zu beeinträchtigen, erscheint die Durchführung nur als Eilverfahren sinnvoll. Außerdem müßte der Personenkreis, dem dieses Recht zustehen sollte, eingrenzbar sein. Die dabei zu erwartenden Probleme zeigen sich in vergleichbarem Maße bei der Diskussion um die Betroffenenstellung.

6.3. Durchführung eines Vorverfahrens

Anstelle eines »Nachverfahrens« in Form des parlamentarischen Widerspruchs könnte man auch ein »Vorverfahren« durchführen. Diese Möglichkeit wird dem Untersuchungsausschuß bereits durch § 7 IPA-Entwurf eingeräumt. Auf diese Weise wäre eine Verbesserung des Individualrechtsschutzes erreichbar. »Durch das vorgeschaltete Verfahren – das dann allerdings insoweit grundsätzlich nicht öffentlich sein müßte – würde in den meisten Fällen vermieden werden können, daß solche Zeugen in die öffentliche Untersuchung gezogen und womöglich Verdächtigungen ausgesetzt würden, deren Aussage in der Sache unbedeutend oder überflüssig ist.«[57]

Als Nachteile eines Vorverfahrens sind aber zu nennen:
- Trennung zwischen Vor- und Hauptverfahren nicht möglich
- Hauptverfahren wird zum Teil überflüssig
- Untersuchungsausschuß hat keinen Einfluß auf den Verfahrensablauf
- eventuelle Präjudizierung des Ergebnisses.

---

57 *Kipke* (Fn. 23), S. 208 f.

Anhang

Deutscher Bundestag
11. Wahlperiode

Drucksache 11/**1896**

26. 02. 88

Sachgebiet 1101

Gesetzentwurf

der Abgeordneten Dr. Lammert, Porzner, Beckmann, Bernrath, Biehle, Buschbom, Cronenberg (Arnsberg), Esters, Eylmann, Dr. Göhner, Grunenberg, Günther, Dr. Haussmann, Dr. Hoffacker, Dr. Jenninger, Kleinert (Hannover), Lamers, Lennartz, Louven, Marschewski, Dr. Mertens (Bottrop), Neuhausen, Niggemeier, Reddemann, Frau Renger, Repnik, Reuschenbach, Dr. Scheer, Schmidbauer, Schreiber, Stücklen, Tillmann, Frau Dr. Timm, Frau Traupe, Dr. Unland, Wolfgramm (Göttingen)

Entwurf eines Gesetzes über Einsetzung und Verfahren von Untersuchungsausschüssen des Deutschen Bundestages

A. Problem

Die Rechtsgrundlage für die Tätigkeit von Untersuchungsausschüssen des Deutschen Bundestages stellt Artikel 44 GG dar. Ein Ausführungsgesetz zu dieser Verfassungsvorschrift ist bisher nicht verabschiedet worden. Gesetzentwürfe wurden aber bereits in das parlamentarische Verfahren eingebracht, zuletzt der Entwurf eines Gesetzes über Einsetzung und Verfahren von Untersuchungsausschüssen des Deutschen Bundestages auf Drucksache 10/6587. Die Untersuchungsausschüsse wurden in den letzten Wahlperioden regelmäßig vom Deutschen Bundestag verpflichtet, ergänzend zu Artikel 44 GG mit seinem Verweis auf die Strafprozeßordnung die „IPA-Regeln" (Entwurf eines Gesetzes über Einsetzung und Verfahren von Untersuchungsausschüssen des Deutschen Bundestages gemäß Drucksache V/4209) als besonderes Geschäftsordnungsrecht anzuwenden. In der Praxis treten bei dieser Ausgangslage vielfach Rechtsunsicherheiten auf.

B. Lösung

Verabschiedung eines Gesetzes über Einsetzung und Verfahren von Untersuchungsausschüssen des Deutschen Bundestages auf der Grundlage des Gesetzentwurfs auf Drucksache 10/6587.

C. Alternative

Beibehaltung der gegenwärtigen Rechtslage.

D. Kosten

keine

Entwurf eines Gesetzes über Einsetzung und Verfahren von Untersuchungsausschüssen des Deutschen Bundestages

Der Bundestag hat das folgende Gesetz beschlossen:

§ 1
Aufgabe und Zulässigkeit

(1) Ein Untersuchungsausschuß des Bundestages hat die Aufgabe, Sachverhalte, deren Aufklärung im öffentlichen Interesse liegt, zu untersuchen und dem Bundestag darüber Bericht zu erstatten.

(2) Die Untersuchung muß geeignet sein, dem Bundestag Grundlagen für eine Beratung im Rahmen seiner verfassungsmäßigen Zuständigkeit zu vermitteln.

(3) Ein Untersuchungsausschuß wird jeweils für einen bestimmten Untersuchungsauftrag eingesetzt.

§ 2
Einsetzung

(1) Ein Untersuchungsausschuß kann auf Antrag einer Fraktion oder von fünf vom Hundert der Mitglieder des Bundestages durch Beschluß des Bundestages eingesetzt werden; der Bundestag ist auf Antrag von einem Viertel seiner Mitglieder (Verlangen) zur Einsetzung eines Untersuchungsausschusses verpflichtet.

(2) Für die Form und Behandlung des Antrages gelten die Vorschriften der §§ 76, 77 Abs. 1 und § 78 Abs. 5 der Geschäftsordnung des Deutschen Bundestages.

(3) Anträge auf Einsetzung eines Untersuchungsausschusses sind unverzüglich auf die Tagesordnung des Bundestages zu setzen. Gegen den Willen der Antragsteller kann der Antrag nur einmal von der Tagesordnung abgesetzt werden.

(4) Bei Zweifeln über die Zulässigkeit einer Untersuchung überweist der Bundestag den Einsetzungsantrag zur gutachtlichen Äußerung an den für Rechtsfragen zuständigen Ausschuß. Der Ausschuß hat diese unverzüglich abzugeben.

§ 3
Gegenstand der Untersuchung

(1) Der Gegenstand der Untersuchung muß in dem Beschluß über die Einsetzung des Untersuchungsausschusses hinreichend bestimmt sein.

(2) Der im Einsetzungsantrag bezeichnete Untersuchungsgegenstand kann durch Beschluß des Bundestages nur dann erweitert oder ergänzt werden, wenn der Kern des beantragten Untersuchungsgegenstandes erhalten bleibt.

(3) Der Untersuchungsausschuß ist an den ihm erteilten Auftrag gebunden. Eine Ausdehnung der Untersuchung bedarf eines Beschlusses des Bundestages.

§ 4
Zusammensetzung

(1) Der Untersuchungsausschuß besteht aus dem Vorsitzenden sowie aus den ordentlichen Mitgliedern und aus einer gleichen Zahl stellvertretender Mitglieder; sie müssen Mitglieder des Bundestages sein.

(2) Der Bundestag bestimmt bei der Einsetzung die Zahl der Mitglieder. Jede Fraktion muß vertreten sein.

(3) Die Verteilung der Sitze erfolgt ohne Anrechnung des Vorsitzenden im Verhältnis der Stärke der Fraktionen nach dem vom Bundestag für die Berechnung der Stellenanteile der Fraktionen in den Ausschüssen des Bundestages angewandten Berechnungsverfahren.

§ 5
Vorsitzender

(1) Der Vorsitzende wird nach den Vereinbarungen im Ältestenrat gemäß § 12 der Geschäftsordnung des Deutschen Bundestages vom Bundestag aus seiner Mitte gewählt.

(2) Der Vorsitzende ist im Untersuchungsausschuß nicht stimmberechtigt. Er leitet das Untersuchungsverfahren. Ihm obliegt insbesondere,

— die verhandlungsleitenden Verfügungen zu erlassen,

— Ort und Termin von Beweiserhebungen festzulegen,

— Vorschläge für die Feststellung der Eigenschaft einer Person als Betroffener vorzulegen,

— die Reihenfolge der Vernehmung der Betroffenen, Zeugen und Sachverständigen zu bestimmen,

— die Vernehmung der Betroffenen, Zeugen und Sachverständigen zu eröffnen,

— die Sorge für die Vorlage des Berichts an den Bundestag.

Der Vorsitzende ist dabei gebunden an

a) den Einsetzungsbeschluß des Bundestages gemäß § 3 Abs. 1,
b) einstimmige Beschlüsse der anwesenden stimmberechtigten Mitglieder,
c) Beschlüsse, die mit der Mehrheit von zwei Dritteln der stimmberechtigten Mitglieder gefaßt worden sind.

(3) Der Vorsitzende kann die Entscheidung über die Zulassung eines Beweisantrages bis zur nächsten Sitzung aussetzen, wenn die Zulässigkeit des Beweisantrages bestritten wird. Dem Beweisantrag ist stattzugeben, wenn nicht zwei Drittel der stimmberechtigten Mitglieder widersprechen.

(4) Die Aufrechterhaltung der Ordnung in der Sitzung obliegt dem Vorsitzenden. Betroffene, Zeugen, Sachverständige und andere Sitzungsteilnehmer, die den zur Aufrechterhaltung der Ordnung ergangenen Anordnungen nicht Folge leisten, können aus dem Sitzungssaal verwiesen werden.

§ 6
Stellvertretender Vorsitzender

(1) Der Untersuchungsausschuß bestimmt ein ordentliches Mitglied nach den Vereinbarungen im Ältestenrat gemäß § 12 der Geschäftsordnung des Deutschen Bundestages zum stellvertretenden Vorsitzenden.

(2) Der stellvertretende Vorsitzende besitzt bei Abwesenheit des Vorsitzenden dessen Rechte und Pflichten. Übt er die Aufgaben des Vorsitzenden aus, ist er im Untersuchungsausschuß nicht stimmberechtigt; seine Rechte und Pflichten als ordentliches Mitglied werden so lange von einem stellvertretenden Mitglied aus seiner Fraktion wahrgenommen.

§ 7
Mitglieder

(1) Die ordentlichen und stellvertretenden Mitglieder werden von den Fraktionen benannt und abberufen.

(2) Die ordentlichen Mitglieder sind im Untersuchungsausschuß stimmberechtigt. Sie besitzen das Recht,

a) Beweisanträge zu stellen,
b) sonstige Anträge zu stellen,
c) Fragen an Betroffene, Zeugen oder Sachverständige zu richten und
d) ihre Auffassung über Ablauf und Ergebnis des Untersuchungsverfahrens im Bericht an den Bundestag niederzulegen.

(3) Die stellvertretenden Mitglieder können an allen Sitzungen des Untersuchungsausschusses teilnehmen. Sie sind im Untersuchungsausschuß stimmberechtigt und können die anderen Rechte der ordentlichen Mitglieder ausüben, wenn sie ein abwesendes ordentliches Mitglied vertreten.

§ 8
Beschlußfähigkeit, Beschlußfassung

(1) Der Untersuchungsausschuß ist beschlußfähig, wenn der Vorsitzende oder sein Stellvertreter und die Mehrheit der stimmberechtigten Mitglieder anwesend sind. Die Beschlußfähigkeit bleibt bestehen, bis sie angezweifelt wird.

(2) Ist der Untersuchungsausschuß nicht beschlußfähig, so unterbricht der Vorsitzende sofort die Sitzung auf bestimmte Zeit. Ist nach dieser Zeit die Beschlußfähigkeit noch nicht eingetreten, so hat der Vorsitzende unverzüglich eine neue Sitzung anzuberaumen. In dieser Sitzung ist der Untersuchungsausschuß beschlußfähig, auch wenn nicht die Mehrheit seiner stimmberechtigten Mitglieder anwesend ist; darauf ist in der Einladung hinzuweisen.

(3) Bei Beschlußunfähigkeit darf der Untersuchungsausschuß keine Untersuchungshandlungen durchführen.

(4) Soweit in diesem Gesetz nichts anderes bestimmt ist, beschließt der Untersuchungsausschuß mit der Mehrheit seiner stimmberechtigten Mitglieder.

§ 9
Beweiserhebung

(1) Der Untersuchungsausschuß erhebt die durch den Untersuchungsauftrag gebotenen Beweise aufgrund von Beweisbeschlüssen.

(2) Ein Beweisantrag kann geändert werden, sofern nicht der Antragsteller widerspricht.

§ 10
Vorbereitende Untersuchung

(1) Der Untersuchungsausschuß kann jederzeit eine vorbereitende Untersuchung durch einen Unterausschuß oder Beauftragte beschließen.

(2) In einer vorbereitenden Untersuchung werden der Untersuchungsstoff gesammelt und gegliedert sowie das erforderliche Beweismaterial, insbesondere die einschlägigen Akten und Unterlagen, beschafft. Es können Personen informatorisch gehört werden.

(3) Vorbereitende Untersuchungshandlungen sind nicht öffentlich. Über den Termin vorbereitender Untersuchungshandlungen sind der Vorsitzende sowie die ordentlichen und stellvertretenden Mitglieder des Untersuchungsausschusses zu unterrichten; sie besitzen das Recht, bei den vorbereitenden Untersuchungshandlungen anwesend zu sein.

(4) Vorbereitende Untersuchungshandlungen sind zu protokollieren. Auf das Verfahren finden die Vorschriften dieses Gesetzes entsprechende Anwendung.

(5) Über das Ergebnis der vorbereitenden Untersuchung ist dem Untersuchungsausschuß unverzüglich nach Erledigung des Auftrags zu berichten.

(6) Der Untersuchungsausschuß ist an die Feststellungen und Wertungen vorbereitender Untersuchungen nicht gebunden. Mit einer Mehrheit von zwei Dritteln der stimmberechtigten Mitglieder kann er die Ergänzung der vorbereitenden Untersuchung verlangen oder selbst die Beweisaufnahme vornehmen.

(7) Wird die vorbereitende Untersuchung einem Unterausschuß übertragen, gilt § 55 der Geschäftsordnung des Deutschen Bundestages entsprechend.

§ 11
Sitzungen zur Beweisaufnahme

(1) Die Beweisaufnahme erfolgt in öffentlicher Sitzung. Über die Zulässigkeit von Ton- und Filmaufnahmen entscheidet der Vorsitzende.

(2) Der Untersuchungsausschuß kann die Öffentlichkeit oder einzelne Personen ausschließen, wenn das öffentliche Interesse oder berechtigte Interessen eines einzelnen dies gebieten oder wenn es zur Erlangung einer wahrheitsgemäßen Aussage erforderlich erscheint. Er kann nichtöffentliche Beweiserhebungen sowie Vorgänge und Dokumente mit einem Geheimhaltungsgrad versehen.

(3) Zur Stellung eines Antrags auf Ausschluß oder Beschränkung der Öffentlichkeit sind berechtigt:

a) jedes anwesende stimmberechtigte Mitglied des Untersuchungsausschusses,

b) ein Mitglied des Bundesrates oder der Bundesregierung oder einer ihrer Beauftragten,

c) Betroffene, Zeugen und Sachverständige.

(4) Über den Ausschluß der Öffentlichkeit entscheidet der Untersuchungsausschuß mit Zweidrittelmehrheit der stimmberechtigten Mitglieder in nichtöffentlicher Sitzung.

(5) Wird der Beschluß, die Öffentlichkeit ganz oder teilweise auszuschließen, in nichtöffentlicher Sitzung gefaßt, ist er in einer öffentlichen Sitzung bekanntzumachen. Der Vorsitzende kann auf Beschluß des Ausschusses die Entscheidung begründen.

(6) Zeugen haben vor Beginn der Beweisaufnahme auf Aufforderung des Vorsitzenden den Sitzungssaal zu verlassen. Mit einer Mehrheit von zwei Dritteln der stimmberechtigten Mitglieder können weitere Personen verpflichtet werden, den Sitzungssaal zu verlassen, wenn deren Vernehmung vorgesehen, aber vom Ausschuß noch nicht beschlossen wurde.

§ 12
Sitzungen zur Beratung

Die Beratungen des Untersuchungsausschusses sind nichtöffentlich.

§ 13
Protokollierung, Geheimhaltung

(1) Über die Sitzungen des Untersuchungsausschusses ist ein Protokoll aufzunehmen und von dem Protokollführer zu unterschreiben.

(2) Das Protokoll enthält

a) den Ort und Tag der Sitzung,

b) die Namen des Vorsitzenden und der anwesenden ordentlichen und stellvertretenden Mitglieder des Untersuchungsausschusses sowie die Namen der sonstigen Sitzungsteilnehmer,

c) die Angabe, ob öffentlich oder nichtöffentlich verhandelt worden ist.

(3) Beweisaufnahmen sind wörtlich zu protokollieren; über die Art der Protokollierung der Beratungen entscheidet der Ausschuß.

(4) Für die Behandlung von Beweismitteln, die als Verschlußsache gekennzeichnet sind, und deren Protokollierung gilt die Geheimschutzordnung des Deutschen Bundestages.

(5) Bis zur Beendigung des Untersuchungsauftrages dürfen Protokolle nichtöffentlicher Sitzungen nur auf Antrag im Wege der Rechts- und Amtshilfe (Artikel 35 Abs. 1 GG) abgegeben werden. Werden Protokolle öffentlicher Sitzungen im Wege der Rechts- und Amtshilfe angefordert, sind diese unter den Voraussetzungen des § 5 des Verwaltungsverfahrensgesetzes (VwVfG) abzugeben. Protokolle öffentlicher Sitzungen kann außerdem in den Räumen des Bundestages einsehen, wer ein berechtigtes Interesse nachweist; die Genehmigung erteilt der Vorsitzende.

(6) Vor Beendigung des Untersuchungsauftrages hat der Untersuchungsausschuß über die spätere Behandlung seiner Protokolle und sonstigen Akten zu beschließen, soweit sie nicht der Geheimschutzordnung des Deutschen Bundestages unterliegen. Über Abweichungen entscheidet nach Auflösung des Untersuchungsausschusses im Einzelfall der Präsident des Deutschen Bundestages.

§ 14
Verlesung von Protokollen und Schriftstücken

(1) Die Protokolle über Untersuchungshandlungen ersuchter Gerichte und Verwaltungsbehörden sowie Schriftstücke, die in der vorbereitenden Untersuchung erstellt wurden oder als Beweismittel dienen, sind vor dem Untersuchungsausschuß zu verlesen.

(2) Der Ausschuß kann beschließen, von einer Verlesung Abstand zu nehmen, wenn die Protokolle oder Schriftstücke allen Mitgliedern des Untersuchungsausschusses sowie den Betroffenen zugänglich gemacht worden sind. Der wesentliche Inhalt der Protokolle und Schriftstücke ist jedoch in öffentlicher Sitzung bekanntzugeben.

(3) Eine Verlesung der Protokolle und Schriftstücke oder die Bekanntgabe ihres wesentlichen Inhalts in öffentlicher Sitzung findet nicht statt, wenn die Voraussetzungen für den Ausschluß der Öffentlichkeit gegeben sind.

§ 15
Rechtsstellung der Betroffenen

(1) Betroffene sind:

a) Der Bundespräsident im Falle eines Untersuchungsausschusses zur Vorbereitung einer Präsidentenklage,

b) Abgeordnete und Mitglieder der Bundesregierung im Untersuchungsverfahren, das ihre Belastung oder Entlastung zum Ziele hat,

c) Richter im Falle eines Untersuchungsausschusses zur Vorbereitung einer Richteranklage,

d) ferner Personen, gegen die sich aufgrund des Untersuchungsauftrages die Untersuchung ganz oder teilweise richtet.

(2) Ergibt sich nicht bereits aus dem Untersuchungsauftrag, wer Betroffener ist, kann der Untersuchungsausschuß jederzeit auf Vorschlag des Vorsitzenden mit einer Mehrheit von zwei Dritteln seiner stimmberechtigten Mitglieder feststellen, wer Betroffener ist. Personen, die Betroffene sein können, zeigen dies dem Vorsitzenden an.

(3) Betroffene dürfen, soweit sich die Untersuchung gegen sie richtet, nicht als Zeuge vernommen werden; sie können die Aussage zur Sache verweigern. Dies gilt nicht für Mitglieder der Bundesregierung oder andere Amtsträger, soweit sich die Untersuchung auf ihre augenblickliche oder frühere Amtsführung bezieht. Soweit die Betroffenen von ihrem Aussageverweigerungsrecht keinen Gebrauch machen, sind sie vor ihrer Anhörung durch den Vorsitzenden auf ihre Rechte hinzuweisen.

(4) Betroffene haben das Recht, an der Beweisaufnahme teilzunehmen, es sei denn, daß der Untersuchungsausschuß gemäß § 11 etwas anderes beschließt. In diesem Falle sind ihnen vor ihrer Wiederzulassung der wesentliche Inhalt der in ihrer Abwesenheit erfolgten Beweisaufnahme und eventuell sie betreffende Beschlüsse des Untersuchungsausschusses bekanntzugeben.

(5) Betroffene können sich zur Wahrnehmung ihrer Rechte eines Rechtsbeistandes bedienen und Zeugen und Sachverständige zu ihrer Entlastung benennen; sie haben das Recht, bestimmte Fragen an die Zeugen und Sachverständigen zu richten.

(6) Auf ihr Verlangen ist den Betroffenen die Möglichkeit einzuräumen, vor Beendigung der Beweisaufnahme zusammenhängend zu den gegen sie gerichteten Vorwürfen Stellung zu nehmen. Diese Stellungnahme kann auch schriftlich erfolgen; in diesem Falle ist sie zu verlesen.

§ 16
Ladung von Zeugen und Sachverständigen, Zwangsmaßnahmen und andere Beweismittel

(1) Zeugen und Sachverständige sind verpflichtet, auf Ladung des Ausschusses zu erscheinen. Sie sind in der Ladung auf die gesetzlichen Folgen des Ausbleibens hinzuweisen.

(2) Gegen einen ordnungsgemäß geladenen Zeugen, der ohne genügende Entschuldigung nicht erscheint oder ohne gesetzlichen Grund das Zeugnis verweigert, oder gegen einen zur Erstattung des Gutachtens verpflichteten Sachverständigen, der ohne genügende Entschuldigung nicht erscheint oder ohne gesetzlichen Grund die Erstattung des Gutachtens verweigert, wird auf Antrag des Untersuchungsausschusses Ordnungsstrafe gemäß §§ 51, 70 und 77 der Strafprozeßordnung verhängt; die entstandenen Kosten werden ihm auferlegt.

(3) Auf Antrag des Ausschusses ordnet das zuständige Gericht Vorführung an.

(4) Verhaftung, Beschlagnahme, Durchsuchung, Leichenschau, Leichenöffnung, körperliche und geistige Untersuchung sowie die Untersuchung anderer Personen kann der Untersuchungsausschuß beim zuständigen Gericht beantragen. Bei Gefahr im Verzuge ist ein Ersuchen an die zuständige Staatsanwaltschaft zu richten. Das Brief-, Post- und Fernmeldegeheimnis bleibt unberührt.

§ 17
Aussageverweigerung

Die Vorschriften der §§ 52, 53, 53a, 55 und 76 Abs. 1 der Strafprozeßordnung über das Recht des Zeugen zur Verweigerung der Aussage und das Recht des Sachverständigen zur Verweigerung des Gutachtens finden Anwendung. Ein Zeuge hat ferner das Recht, die Aussage zu verweigern, wenn die Beantwortung der Frage einem seiner Angehörigen schwerwiegende Nachteile bringen würde. Die Vorschriften über das Zeugnisverweigerungsrecht der Presse finden auf die Aussage vor dem Untersuchungsausschuß entsprechende Anwendung. In den Fällen, in denen nach diesem Gesetz ein Zeugnisverweigerungsrecht besteht, findet § 56 der Strafprozeßordnung entsprechende Anwendung.

§ 18
Belehrung der Zeugen und Sachverständigen, Wahrheitspflicht

(1) Zeugen und Sachverständige sind über ihr Recht zur Verweigerung der Aussage zu belehren.

(2) Zeugen und Sachverständige sind vor ihrer Vernehmung zur Wahrheit zu ermahnen. Sie sind auf die strafrechtlichen Folgen einer unrichtigen oder unvollständigen Aussage hinzuweisen. Eine Vereidigung findet nicht statt.

(3) Wer vor dem Untersuchungsausschuß vorsätzlich falsch aussagt, wird mit Freiheitsstrafe von drei Monaten bis fünf Jahren, in schweren Fällen nicht unter einem Jahr, bestraft.

§ 19
Vernehmung der Zeugen

(1) Die Zeugen sollen einzeln und in Abwesenheit der später zu hörenden Zeugen vernommen werden.

(2) Eine Gegenüberstellung mit anderen Zeugen oder mit dem Betroffenen ist zulässig, wenn es für die Wahrheitsfindung geboten erscheint.

(3) Zeugen und Sachverständige werden zunächst durch den Vorsitzenden vernommen. Anschließend erteilt der Vorsitzende den stimmberechtigten Mitgliedern das Wort zu Fragen; § 28 Abs. 1 der Geschäftsordnung des Deutschen Bundestages ist entsprechend anzuwenden.

(4) Der Vorsitzende kann ungeeignete und nicht zur Sache gehörende Fragen zurückweisen. Über die Zulässigkeit von Fragen sowie die Zurückweisung von Fragen durch den Vorsitzenden entscheidet auf Antrag eines stimmberechtigten Mitgliedes oder des Betroffenen der Untersuchungsausschuß in einer Beratungssitzung mit einer Mehrheit von zwei Dritteln seiner stimmberechtigten Mitglieder.

(5) Beschließt der Ausschuß die Unzulässigkeit einer Frage, auf die bereits eine Antwort gegeben wurde, darf im Bericht des Ausschusses auf die Frage und Antwort nicht Bezug genommen werden.

§ 20
Rechts- und Amtshilfe

(1) Der Ausschuß kann beschließen, Zeugen oder Sachverständige im Wege der Rechts- und Amtshilfe vernehmen zu lassen. Das Ersuchen ist an das Amtsgericht zu richten, in dessen Bereich die Untersuchungshandlung vorgenommen werden soll. Vernehmungen im Ausland sind nur durch die deutschen Vertretungen zulässig.

(2) Dem Ersuchen ist der Untersuchungsauftrag und der Beweisbeschluß beizufügen. Die an den Zeugen oder Sachverständigen zu stellenden Fragen sind, soweit erforderlich, näher zu bezeichnen und zu erläutern.

§ 21
Zutritt, Aussagegenehmigung, Aktenvorlage

(1) Die Bundesregierung und die Behörden des Bundes sowie die sonstigen Verwaltungseinrichtungen des Bundes sind verpflichtet, dem Untersuchungsausschuß oder seinem Beauftragten jederzeit Zutritt zu den von ihnen verwalteten öffentlichen Einrichtungen zu gestatten, die erforderlichen Aussagegenehmigungen zu erteilen und die Akten vorzulegen.

(2) Alle Gerichte sind verpflichtet, dem Untersuchungsausschuß die Akten vorzulegen.

(3) Ersuchen um Zutritt, Aussagegenehmigung und Aktenvorlage sind an die zuständige oberste Dienstbehörde oder oberste Aufsichtsbehörde oder an das zuständige Gericht zu richten.

(4) Wendet die zuständige oberste Dienstbehörde oder oberste Aufsichtsbehörde oder das zuständige Gericht ein, Nachteile für die Beziehungen der Bundesrepublik Deutschland zu anderen Staaten oder für die Sicherheit der Bundesrepublik Deutschland oder Gründe der Wahrheitsfindung in einem anhängigen Strafverfahren stünden einer Zutrittsgewährung, einer Aussagegenehmigung oder einer Aktenvorlage entgegen, ist eine Entscheidung der Bundesregierung herbeizuführen. Bestätigt die Bundesregierung die Weigerung, hat sie ihre Entscheidung dem Vorsitzenden des Untersuchungsausschusses und den Obleuten der Fraktionen im Untersuchungsausschuß glaubhaft zu machen. Hält der Untersuchungsausschuß an seinem Ersuchen fest und bleibt die Bundesregierung bei ihrer Weigerung, ist die Bundesregierung verpflichtet, dem Vorsitzenden und seinem Stellvertreter den ersuchten Zutritt zu gestatten, die erforderlichen Auskünfte durch Genehmigung der verlangten Aussagen zu erteilen und die angeforderten Akten in ihren Räumen vorzulegen.

§ 22
Amtsverschwiegenheit

(1) Der Vorsitzende sowie die Mitglieder des Untersuchungsausschusses sind auch nach Auflösung des Ausschusses verpflichtet, über die ihnen bekanntgewordenen geheimhaltungsbedürftigen Tatsachen Verschwiegenheit zu bewahren. Ohne Genehmigung des Präsidenten des Deutschen Bundestages dürfen sie weder vor Gericht noch außergerichtlich aussagen.

(2) Wird einem Vorsitzenden oder einem Mitglied des Ausschusses ein fremdes Geheimnis, namentlich ein zum persönlichen Lebensbereich gehörendes Geheimnis oder ein Betriebs- oder Geschäftsgeheimnis, im Rahmen der Untersuchungshandlungen bekannt, darf es dieses Geheimnis nur offenbaren, wenn es dazu von der betroffenen Person ermächtigt worden ist. Dies gilt nicht, wenn die Offenlegung des Geheimnisses gesetzlich geboten ist.

§ 23
Mitteilungen an die Öffentlichkeit

(1) Mitteilungen an die Öffentlichkeit über nichtöffentliche Sitzungen sind vor Abschluß der Bera-

tungen nur auf Beschluß des Ausschusses zulässig. Dabei kann der Ausschuß Einschränkungen oder Auflagen beschließen.

(2) Vor Abschluß der Beratungen über ein Beweisthema sind öffentliche Beweiswürdigungen unzulässig.

§ 24
Aussetzung und Einstellung des Untersuchungsverfahrens

(1) Das Untersuchungsverfahren kann ausgesetzt werden, wenn eine alsbaldige Aufklärung auf andere Weise zu erwarten ist oder die Gefahr besteht, daß gerichtliche Verfahren oder Ermittlungsverfahren beeinträchtigt werden. Der Untersuchungsausschuß beschließt die Aussetzung, es sei denn, daß die Antragsteller des Einsetzungsverlangens, ihre Vertreter im Ausschuß oder ein Viertel der stimmberechtigten Mitglieder widersprechen.

(2) Ein ausgesetztes Verfahren kann jederzeit auch durch Beschluß des Plenums wiederaufgenommen werden. Der Antrag muß unverzüglich auf die Tagesordnung gesetzt und vom Bundestag behandelt werden.

(3) Der Bundestag kann einen Untersuchungsausschuß vor Abschluß der Ermittlungen auflösen, es sei denn, daß ein Viertel der Mitglieder des Bundestages widerspricht.

§ 25
Berichterstattung, Beratung im Bundestag

(1) Nach Abschluß der Untersuchung erstattet der Untersuchungsausschuß dem Bundestag einen schriftlichen Bericht. Der Bericht hat den Gang des Verfahrens, das wesentliche Ergebnis der Untersuchungen und die Beweismittel wiederzugeben.

(2) Kommt der Untersuchungsausschuß nicht zu einem einstimmigen Untersuchungsergebnis, hat der Bericht auch die abweichenden Auffassungen der ordentlichen Mitglieder zu enthalten.

(3) Ist abzusehen, daß der Untersuchungsausschuß seinen Untersuchungsauftrag nicht vor Ende der Wahlperiode erledigen kann, hat er dem Bundestag rechtzeitig einen Sachstandsbericht vorzulegen.

(4) Auf Beschluß des Bundestages oder auf Verlangen der Antragsteller des Einsetzungsverlangens hat der Untersuchungsausschuß dem Bundestag einen Zwischenbericht vorzulegen.

§ 26
Rechte des Verteidigungsausschusses als Untersuchungsausschuß

(1) Beschließt der Verteidigungsausschuß, eine Angelegenheit zum Gegenstand seiner Untersuchung zu machen oder wird ein entsprechendes Verlangen von einem Viertel seiner Mitglieder vorgebracht, hat der Verteidigungsausschuß bei seinen Untersuchungen die Rechte eines Untersuchungsausschusses.

(2) Den Vorsitz führt der Vorsitzende des Verteidigungsausschusses; er ist stimmberechtigt.

(3) Macht der Verteidigungsausschuß eine Angelegenheit zum Gegenstand seiner Untersuchung, kann er zur Durchführung der Untersuchung einen Unterausschuß einsetzen, in den auch stellvertretende Mitglieder des Verteidigungsausschusses entsandt werden können.

(4) Überträgt der Verteidigungsausschuß die Untersuchungen nicht einem Unterausschuß, steht das Recht, Beweisanträge zu stellen und abweichende Auffassungen im Schlußbericht niederzulegen, jedem ordentlichen Mitglied des Verteidigungsausschusses zusammen mit einem weiteren zu.

(5) Der Verteidigungsausschuß kann über das Ergebnis seiner Untersuchungen dem Plenum einen Bericht erstatten. Auf Beschluß des Bundestages ist er hierzu verpflichtet. Eine Aussprache darf sich nur auf den veröffentlichten Bericht beziehen.

§ 27
Kosten und Auslagen

(1) Die Kosten des Untersuchungsverfahrens beim Bundestag trägt der Bund. Zeugen und Sachverständige werden entsprechend dem Gesetz über die Entschädigung von Zeugen und Sachverständigen entschädigt. Dem Betroffenen sind die durch die Wahrnehmung der ihm nach diesem Gesetz zustehenden Rechte entstandenen notwendigen Auslagen zu erstatten.

(2) Über die Entschädigung von Zeugen und Sachverständigen sowie über die Erstattung der Auslagen von Betroffenen und Beiständen entscheidet der Untersuchungsausschuß auf Antrag des nach Absatz 1 Berechtigten. Der Beschluß des Untersuchungsausschusses kann vor dem zuständigen Gericht angefochten werden.

§ 28
Anwendung der Geschäftsordnung

(1) Der Untersuchungsausschuß kann von dem für den Bundestag festgelegten Zeitplan (§ 60 Abs. 1 GO-BT) abweichen, soweit dies zur sachgerechten Erledigung des Untersuchungsauftrages erforderlich ist. Er hat den Präsidenten hiervon vor der Sitzung zu unterrichten.

(2) Hat der Ausschuß beschlossen, Untersuchungshandlungen außerhalb des ständigen Sitzungsortes des Bundestages durchzuführen, ist der Vorsitzende verpflichtet, unverzüglich den Präsidenten davon zu unterrichten.

(3) Im übrigen gelten für das Verfahren bei der Einsetzung des Untersuchungsausschusses, das Un-

tersuchungsverfahren und den Bericht an den Bundestag die Bestimmungen der Geschäftsordnung des Deutschen Bundestages.

§ 29
Gerichtliche Zuständigkeiten, anzuwendende Gesetze

(1) Zuständiges Gericht im Sinne dieses Gesetzes ist das erstinstanzliche Gericht der ordentlichen Gerichtsbarkeit am Sitz des Deutschen Bundestages.

(2) Soweit dieses Gesetz nichts anderes bestimmt, sind das Gerichtsverfassungsgesetz und die Strafprozeßordnung entsprechend anzuwenden.

§ 30
Geltung in Berlin

Dieses Gesetz gilt nach Maßgabe des § 13 Abs. 1 des Dritten Überleitungsgesetzes auch im Land Berlin.

§ 31
Inkrafttreten

Dieses Gesetz tritt am . . . in Kraft.

Bonn, den 26. Februar 1988

Dr. Lammert	Dr. Haussmann	Frau Renger
Porzner	Dr. Hoffacker	Repnik
Beckmann	Dr. Jenninger	Reuschenbach
Bernrath	Kleinert (Hannover)	Dr. Scheer
Biehle	Lamers	Schmidbauer
Buschbom	Lennartz	Schreiber
Cronenberg (Arnsberg)	Louven	Stücklen
Esters	Marschewski	Tillmann
Eylmann	Dr. Mertens (Bottrop)	Frau Dr. Timm
Dr. Göhner	Neuhausen	Frau Traupe
Grunenberg	Niggemeier	Dr. Unland
Günther	Reddemann	Wolfgramm (Göttingen)

Begründung

1. Regelungsbedarf

Die Rechtsgrundlage für die Tätigkeit von Untersuchungsausschüssen des Deutschen Bundestages stellt Artikel 44 GG dar. Ein Ausführungsgesetz zu dieser Verfassungsvorschrift ist bisher nicht verabschiedet worden. Die Untersuchungsausschüsse wurden in den letzten Wahlperioden regelmäßig vom Deutschen Bundestag verpflichtet, ergänzend zu Artikel 44 GG mit seinem Verweis auf die Strafprozeßordnung die „IPA-Regeln" (Entwurf eines Gesetzes über Einsetzung und Verfahren von Untersuchungsausschüssen des Deutschen Bundestages gemäß Drucksache V/4209) als besonderes Geschäftsordnungsrecht anzuwenden. In der Praxis treten bei dieser Ausgangslage vielfach Rechtsunsicherheiten auf.

Der Ausschuß für Wahlprüfung, Immunität und Geschäftsordnung hat deshalb im Rahmen seines Selbstbefassungsrechts einen Vorschlag für einen Entwurf eines Gesetzes über die Einsetzung und das Verfahren von Untersuchungsausschüssen des Deutschen Bundestages erarbeitet. Dabei hat er die in der Vergangenheit geführte Diskussion um das Recht der Untersuchungsausschüsse auf Bundesebene — also die „IPA-Regeln" auf Drucksache V/4209 sowie den Gesetzentwurf der Fraktion der CDU/CSU auf Drucksache 8/1181, der auf den Bericht der Enquete-Kommission „Verfassungsreform" (Drucksache 7/5924) zurückgeht — und auch auf Landesebene — also den Mustergesetzentwurf der Präsidenten der deutschen Länderparlamente von 1972 sowie die Landesgesetze über Untersuchungsausschüsse von Baden-Württemberg, Bayern, Berlin, Bremen, Nordrhein-Westfalen und des Saarlandes — berücksichtigt.

Auf der Grundlage des Regelungsvorschlages des Ausschusses für Wahlprüfung, Immunität und Geschäftsordnung war in der 10. Wahlperiode „aus der Mitte des Bundestages" (Artikel 76 Abs. 1 GG) der Entwurf eines Gesetzes über Einsetzung und Verfahren von Untersuchungsausschüssen des Deutschen Bundestages auf Drucksache 10/6587 eingebracht worden. Die Antragsteller greifen diesen Gesetzentwurf unverändert auf. Sie sind sich darüber im klaren, daß der Gesetzentwurf während der Ausschußberatungen ergänzt werden muß. Anlaß dafür bieten insbesondere die Erfahrungen und Erkenntnisse, die im letzten Jahr der 10. Wahlperiode von Untersuchungsausschüssen gewonnen wurden oder sich aus neuesten Gerichtsentscheidungen ergeben.

2. Aufgabe von Untersuchungsausschüssen

Dem Gesetzentwurf liegt der Gedanke zugrunde, daß parlamentarische Untersuchungsausschüsse sowohl der Sachaufklärung als auch einer politischen Bewertung der aufklärungsbedürftigen Sachverhalte dienen.

Daraus werden Folgerungen in zweifacher Hinsicht abgeleitet. Einerseits werden Regelungen vorgeschlagen, die auf die Absicherung einer umfassenden und unbehinderten Sachverhaltsaufklärung abzielen. Andererseits ist berücksichtigt, daß im parlamentarischen Untersuchungsverfahren die Abgeordneten und Fraktionen die aufgedeckten Sachverhalte unterschiedlich bewerten und ihre Problemsicht sowohl bei der Sachverhaltsermittlung als auch bei der Darstellung des Untersuchungsergebnisses zur Geltung bringen wollen.

Nicht zuletzt deshalb werden die erforderlichen Minderheitenrechte im einzelnen im Gesetzesvorschlag verankert. Außerdem wird an der gleichfalls unverzichtbaren Verantwortlichkeit der parlamentarischen Mehrheit für das Untersuchungsverfahren festgehalten.

3. Vorsitz im Untersuchungsausschuß

Der Vorsitz im Untersuchungsausschuß soll einem Mitglied des Bundestages übertragen werden, das aus der Mitte des Bundestages für diese Aufgabe gewählt wird und bei der Abwicklung des Untersuchungsverfahrens im Ausschuß nicht abstimmen darf, um eine umfassende und unvoreingenommene Sachverhaltsaufklärung zu fördern.

Mit dieser Regelung wird an einer zentralen Weiche für die Abwicklung eines Untersuchungsverfahrens die Grundlage des Gesetzentwurfs konkretisiert, daß ein Untersuchungsausschuß sowohl parlamentarische als auch judikative Elemente enthält. Der Vorsitzende soll durch seine Verantwortung für eine faire Verhandlungsführung in einem gerichtsähnlich geordneten Verfahren sicherstellen, daß die im Untersuchungsausschuß vertretenen Fraktionen in einer parlamentarischen Auseinandersetzung und im Wettbewerb zwischen Mehrheit und Minderheiten ihre Aufgabe erfüllen können, die Wahrheit zu dem Untersuchungsthema vor den Augen der Öffentlichkeit zu erforschen.

Dieser Vorschlag auf Einsetzen eines Vorsitzenden ohne Stimmrecht ist nach Ansicht des Ausschusses für Wahlprüfung, Immunität und Geschäftsordnung verfassungsrechtlich zulässig. Es wird dem Abgeordneten, der zum Vorsitzenden eines Untersuchungsausschusses gewählt wird, nämlich das Stimmrecht nicht gänzlich, sondern nur vorübergehend für die Zeit der Untersuchungshandlungen aus Gründen einer zweckmäßigen Gestaltung eines besonderen parlamentarischen Verfahrens entzogen; bei der Beschlußfassung des Bundestages über den Bericht des Untersuchungsausschusses besitzt dieser Abgeordnete sein volles Stimmrecht.

Die Antragsteller halten es auch ohne gesetzliche Verankerung für selbstverständlich, daß der stellvertretende Vorsitzende regelmäßig aus einer anderen Fraktion als der des Vorsitzenden bestimmt wird.

4. Mitglieder des Untersuchungsausschusses

Ein Untersuchungsverfahren soll allein von Mitgliedern des Bundestages durchgeführt werden. Deshalb sollen die ordentlichen und stellvertretenden Mitglieder des Bundestages wie bei den Fachausschüssen von den Fraktionen benannt und abberufen werden können. Stimmberechtigt sollen die stellvertretenden Mitglieder eines Untersuchungsausschusses dann sein, wenn sie ein abwesendes ordentliches Mitglied vertreten.

Auf Regeln über ein Verbot der Mitgliedschaft für ausgewählte Gruppen von Mitgliedern des Bundestages wurde verzichtet. Ein solches Verbot würde dem Grundsatz widersprechen, daß wegen des repräsentativen und freien Mandats Abgeordnete in allen dem gesamten Bundestage zur Entscheidung zugewiesenen Angelegenheiten nicht wegen Befangenheit von der Mitwirkung ausgeschlossen sein können. In der Praxis wird das Problem kaum auftreten, weil die Fraktionen in den Untersuchungsausschuß nicht Abgeordnete entsenden werden, die für dieses Untersuchungsverfahren als Betroffene oder Zeugen in Betracht kommen können.

5. Beweiserhebung

Der Ausschuß für Wahlprüfung, Immunität und Geschäftsordnung hat sich nach Abwägung der Vor- und Nachteile einer solchen Regelung für die Unterscheidung von Betroffenen und Zeugen entschieden. Damit wird dem Bedürfnis der Personen Rechnung getragen, die wegen ihrer besonderen Verwicklung in den Untersuchungsgegenstand eines besonderen Schutzes bedürfen und nicht ohne Gefahr für unvertretbar nachteilige Folgen auf die üblichen Zeugnisverweigerungsrechte verwiesen werden können. Eine Vereidigung von Zeugen und Sachverständigen erscheint in einem parlamentarischen Untersuchungsverfahren nicht angebracht. Die Eidesabnahme ist ein Wesensmerkmal eines Gerichtsverfahrens. Gleichwohl bleibt eine uneidliche Falschaussage vor einem Untersuchungsausschuß nicht folgenlos. Der Gesetzentwurf enthält den Vorschlag eines Straftatbestandes in Anlehnung an die Strafvorschriften über uneidliche Falschaussage und Meineid.

Nachdem das Bundesverfassungsgericht eine Entscheidung über die grundsätzliche Pflicht der Bundesregierung zur Vorlage angeforderter Akten und damit allgemein zur Auskunftspflicht der Bundesregierung gegenüber Untersuchungsausschüssen getroffen hat, wird in Anlehnung an den Wortlaut dieser Entscheidung eine Regelung vorgesehen, die sowohl das Informationsbedürfnis des Untersuchungsausschusses befriedigt als auch die notwendige Geheimhaltung sicherstellt.

Deutscher Bundestag
11. Wahlperiode

Drucksache 11/2025

18. 03. 88

Sachgebiet 1101

Gesetzentwurf
der Fraktion der SPD

Entwurf eines Gesetzes zur Regelung des Rechts der parlamentarischen Untersuchungsausschüsse (Untersuchungsausschußgesetz)

A. Problem

Die Rechtsgrundlage für die Tätigkeit von Untersuchungsausschüssen des Deutschen Bundestages stellt Artikel 44 GG dar. Ein Ausführungsgesetz zu dieser Verfassungsvorschrift ist bisher nicht verabschiedet worden. Dem Verfahren der Untersuchungsausschüsse wurden zuletzt ergänzend zu Artikel 44 GG mit seinem Verweis auf die Strafprozeßordnung regelmäßig die sogenannten IPA-Regeln (Entwurf eines Gesetzes über Einsetzung und Verfahren von Untersuchungsausschüssen des Deutschen Bundestages gemäß Drucksache V/4209) zugrunde gelegt. In der Praxis treten bei dieser Ausgangslage vielfach Rechtsunsicherheiten auf.

B. Lösung

Verabschiedung eines Gesetzes zur Regelung des Rechts der parlamentarischen Untersuchungsausschüsse.

C. Alternativen

Beibehaltung der gegenwärtigen Praxis.

D. Kosten

keine

Entwurf eines Gesetzes zur Regelung des Rechts der parlamentarischen Untersuchungsausschüsse (Untersuchungsausschußgesetz)

Der Bundestag hat das folgende Gesetz beschlossen:

§ 1
Aufgabe und Zulässigkeit

(1) Ein Untersuchungsausschuß des Bundestages hat die Aufgabe, Sachverhalte zu untersuchen und dem Parlament darüber Bericht zu erstatten.

(2) Ein Untersuchungsverfahren ist zulässig im Rahmen der verfassungsmäßigen Zuständigkeit des Bundes.

§ 2
Einsetzung

(1) Ein Untersuchungsausschuß wird auf Antrag für einen Untersuchungsauftrag durch Beschluß des Bundestages eingesetzt.

(2) Der Bundestag hat auf Antrag von einem Viertel seiner Mitglieder einen Untersuchungsausschuß einzusetzen.

(3) Über den Antrag nach Absatz 2 muß der Bundestag auf Verlangen der Antragsteller innerhalb von zwei Wochen nach der Einreichung entscheiden.

(4) Im übrigen gelten für die Form und Behandlung des Antrags die Vorschriften der §§ 76, 77 Abs. 1 und § 78 Abs. 5 der Geschäftsordnung des Deutschen Bundestages.

§ 3
Gegenstand

Der in einem Minderheitenantrag bezeichnete Untersuchungsgegenstand kann gegen den Willen der Antragsteller nicht geändert und ergänzt werden.

§ 4
Zusammensetzung

(1) Der Untersuchungsausschuß besteht in der Regel aus sieben und höchstens aus elf Mitgliedern des Bundestages und der gleichen Anzahl von Stellvertretern.

(2) Die Zahl der Mitglieder wird von den Antragstellern festgelegt. Dabei ist das Stärkeverhältnis der Fraktionen im Parlament zu berücksichtigen und sicherzustellen, daß jede Fraktion durch ein Mitglied vertreten ist. Die Zusammensetzung des Untersuchungsausschusses muß die Mehrheitsverhältnisse im Bundestag widerspiegeln.

(3) Die Erhöhung der in Absatz 1 bestimmten Mitgliederzahl ist nur zulässig, soweit sie zur Beteiligung aller Fraktionen notwendig ist.

(4) Die Mitglieder und Stellvertreter werden vom Bundestag nach den Vorschlägen der Fraktionen benannt.

§ 5
Stellvertretende Mitglieder

Die stellvertretenden Mitglieder können an allen Sitzungen teilnehmen. Bei Abwesenheit eines ordentlichen Mitglieds nimmt ein Stellvertreter der Fraktion, der das abwesende Mitglied angehört, dessen Aufgaben wahr.

§ 6
Vorsitz

(1) Der Untersuchungsausschuß wählt den/die Vorsitzende(n) und den/die stellvertretende(n) Vorsitzende(n) aus seiner Mitte.

(2) Bei der Einsetzung jedes neuen Untersuchungsausschusses ist der Vorsitz unter den Fraktionen zu wechseln. Die Fraktionen sind im Verhältnis ihrer Stärke in entsprechender Anwendung des § 12 der Geschäftsordnung des Deutschen Bundestages zu berücksichtigen.

(3) Der/die Vorsitzende und seine/ihre Stellvertreter(in) müssen verschiedenen Fraktionen angehören, unter denen sich eine Regierungsfraktion und eine Oppositionsfraktion befindet.

§ 7
Einberufung, Beschlußfähigkeit und Beschlußfassung

(1) Der/die Vorsitzende beruft den Untersuchungsausschuß unter Angabe der Tagesordnung im Einvernehmen mit den Antragstellern ein. Er/sie ist zur Einberufung einer Sitzung binnen zwei Wochen verpflichtet, wenn dies von mindestens einem Viertel der ordentlichen Untersuchungsausschußmitgliedern oder von den Antragstellern verlangt wird.

(2) Der Untersuchungsausschuß ist beschlußfähig, wenn die Mehrheit seiner Mitglieder anwesend ist.

Die Beschlußfähigkeit bleibt bestehen, bis die Beschlußunfähigkeit auf Antrag festgestellt wird.

(3) Ist der Untersuchungsausschuß nicht beschlußfähig, unterbricht der/die Vorsitzende sofort die Sitzung für eine bestimmte Zeit desselben Tages. Ist nach dieser Zeit die Beschlußfähigkeit noch nicht eingetreten, vertagt er/sie die Sitzung für höchstens vier Tage. In der nächstfolgenden Sitzung zur gleichen Tagesordnung ist der Untersuchungsausschuß beschlußfähig, auch wenn nicht die Mehrheit der Mitglieder anwesend ist. Darauf ist in der Einladung hinzuweisen.

(4) Soweit in diesem Gesetz nichts anderes bestimmt ist, beschließt der Untersuchungsausschuß mit der Mehrheit der abgegebenen Stimmen. Bei Stimmengleichheit ist der Antrag abgelehnt.

§ 8
Unterausschuß

(1) Der Untersuchungsausschuß kann durch einstimmigen Beschluß eine vorbereitende Untersuchung durch einen Unterausschuß beschließen (vorbereitender Unterausschuß).

§ 9
Öffentlichkeit der Sitzungen

(1) Die Beweiserhebung erfolgt in öffentlicher Sitzung. Ton- und Filmaufnahmen sowie Ton- und Bildübertragungen sind nicht zulässig. Der Untersuchungsausschuß kann auf Antrag der Antragsteller oder mit den Stimmen eines Viertels seiner Mitglieder Ausnahmen von Satz 2 zulassen.

(2) Die Öffentlichkeit kann ausgeschlossen werden, wenn überragende Interessen der Allgemeinheit oder überwiegende Interessen eines einzelnen dies gebieten oder wenn es zur Erlangung einer wahrheitsgemäßen Aussage erforderlich erscheint. Aus denselben Gründen können auch einzelne Personen ausgeschlossen werden. Sitzungen, insbesondere Beweiserhebungen, sowie Vorgänge und Dokumente, können für geheim oder für vertraulich erklärt werden. In den in diesem Absatz genannten Fällen entscheidet der Untersuchungsausschuß mit der Mehrheit von zwei Dritteln der anwesenden Mitglieder, jedoch nicht gegen den Willen der Antragsteller.

(3) Beratungen und Beschlußfassung sind nicht öffentlich.

(4) Für Aussagen, Vorgänge und ihm zugängliche Dokumente hat der Untersuchungsausschuß den notwendigen Geheimschutz zu gewährleisten. Die Entscheidung über die Geheimhaltungseinstufung richtet sich nach der Geheimschutzordnung des Bundestages bzw. nach den entsprechenden Regelungen für die Exekutive. Dies gilt auch für private Unterlagen, die im Wege der freiwilligen Herausgabe oder Beschlagnahme an den Ausschuß gelangen.

§ 10
Mitteilungen über Sitzungen und Unterlagen

Über Art und Umfang von Mitteilungen an die Öffentlichkeit aus nichtöffentlichen Sitzungen entscheidet der Untersuchungsausschuß. Der/die Vorsitzende und sein/ihre Stellvertreter(in) teilen sie gemeinsam mit.

§ 11
Ordnungsgewalt

Die Aufrechterhaltung der Ordnung richtet sich nach §§ 176 bis 179 des Gerichtsverfassungsgesetzes.

§ 12
Protokollierung

(1) Über die Sitzungen des Untersuchungsausschusses ist ein Protokoll aufzunehmen und von dem/der Vorsitzenden zu unterschreiben.

(2) Beweiserhebungen sind wörtlich zu protokollieren. Über die Art der Protokollierung der Beratungen entscheidet der Untersuchungsausschuß im Einvernehmen mit den Antragstellern.

(3) Bezüglich der Einsicht und der Weitergabe der Protokolle gilt die Archivordnung des Bundestages, soweit der Untersuchungsausschuß nicht eine andere Regelung beschließt.

§ 13
Beweiserhebung

(1) Jedes Mitglied des Untersuchungsausschusses hat das Recht, Beweisanträge zu stellen. Wird ein Beweisantrag von weniger als einem Viertel seiner Mitglieder gestellt, entscheidet der Untersuchungsausschuß unverzüglich durch Beschluß, spätestens aber in der nächsten Sitzung.

(2) Beweise sind zu erheben, wenn dies von den Mitgliedern des Untersuchungsausschusses, die zu den Antragstellern gehören, oder von einem Viertel seiner Mitglieder beantragt wird.

(3) Auf Verlangen der antragstellenden Minderheit (§ 3) sind die von ihr beantragten Beweise mit Vorrang zu erheben.

§ 14
Zutrittsrecht, Aussagegenehmigung, Aktenvorlage

(1) Die Bundesregierung und alle Behörden des Bundes sowie die Körperschaften, Anstalten und Stiftungen des öffentlichen Rechts, die der Aufsicht des Bundes unterstehen, sind verpflichtet, dem Untersuchungsausschuß jederzeit Zutritt zu den von ihnen verwalteten öffentlichen Einrichtungen zu gestatten,

die begehrten Aussagegenehmigungen zu erteilen und verlangte Akten sofort vorzulegen. Auch Gerichte haben auf Verlangen Akten vorzulegen und ihren Dienstkräften die begehrten Aussagegenehmigungen zu erteilen.

(2) Ersuchen um Zutritt, Aussagegenehmigungen und Aktenvorlage sind an die zuständige oberste Dienstbehörde oder oberste Aufsichtsbehörde zu richten.

§ 15
Auskunftspersonen

(1) Auskunftspersonen sind verpflichtet, auf Ladung des Untersuchungsausschusses zu erscheinen. Sie sind in der Ladung auf die gesetzlichen Folgen des Ausbleibens hinzuweisen.

(2) Auskunftspersonen können die Auskunft auf solche Fragen verweigern, deren Beantwortung ihnen selbst oder einen der in § 52 Abs. 1 der Strafprozeßordnung bezeichneten Angehörigen der Gefahr aussetzen würde, wegen einer Straftat oder einer Ordnungswidrigkeit verfolgt zu werden. Die Vorschriften der Strafprozeßordnung (§§ 52, 53, 53 a) finden Anwendung.

(3) Auskunftspersonen sind über ihre Rechte zu belehren. Für die Glaubhaftmachung von Verweigerungsgründen gilt § 56 der Strafprozeßordnung entsprechend.

(4) Auskunftspersonen sind vor ihrer Vernehmung zur Wahrheit zu ermahnen und darauf hinzuweisen, daß der Untersuchungsausschuß nach Maßgabe dieses Gesetzes zu ihrer Vereidigung berechtigt ist. Hierbei sind sie über die Bedeutung des Eides und die strafrechtlichen Folgen einer unrichtigen oder unvollständigen Aussage zu belehren.

§ 16
Maßnahmen zur Sicherung der Beweiserhebung

(1) Gegen eine gemäß § 15 geladene Auskunftsperson, die ohne genügende Entschuldigung nicht erscheint oder ohne gesetzlichen Grund das Zeugnis, das Gutachten oder die Eidesleistung verweigert, setzt auf Antrag des/der Vorsitzenden des Untersuchungsausschusses das zuständige Gericht Ordnungsgeld oder Ordnungshaft (Ordnungsmittel) fest; die entstandenen Kosten werden der Auskunftsperson auferlegt. Im Antrag ist eine der Art nach bestimmtes Ordnungsmittel zu bezeichnen; das zuständige Gericht ist hieran gebunden. Im übrigen finden Artikel 6 bis 9 des Einführungsgesetzes zum Strafgesetzbuch Anwendung.

(2) Unter den Voraussetzungen des Absatzes 1 Satz 1 ordnet das zuständige Gericht auf Antrag des/der Vorsitzenden die Vorführung, Beschlagnahme und Durchsuchung an.

(3) Der/die Vorsitzende stellt den Antrag nach Absätzen 1 und 2 auf Beschluß des Untersuchungsausschusses auf Verlangen der Untersuchungsausschußmitglieder, die zu den Antragstellern gehören, oder auf Verlangen eines Viertels seiner Mitglieder.

§ 17
Vernehmung und Fragerecht

(1) Die Auskunftspersonen werden zunächst durch den/die Vorsitzenden, sodann durch den/die stellvertretende(n) Vorsitzende(n) vernommen. Anschließend können die übrigen Mitglieder des Untersuchungsausschusses Fragen stellen. Sie können auch jeweils mehrere Fragen stellen, wenn diese im Sachzusammenhang stehen. Das Erstfragerecht richtet sich nach der Stärke der Fraktionen und wechselt in dieser Reihenfolge bei jeder Auskunftsperson. § 12 der Geschäftsordnung des Deutschen Bundestages gilt entsprechend.

(2) Der/die Vorsitzende kann nicht zum Beweisthema gehörende Fragen zurückweisen.

(3) Bei Zweifeln über die Zulässigkeit von Fragen sowie über die Rechtmäßigkeit der Zurückweisung von Fragen entscheidet auf Antrag eines Untersuchungsausschußmitgliedes der Untersuchungsausschuß mit der Mehrheit von zwei Dritteln der anwesenden Mitglieder, jedoch nicht gegen den Willen der Antragsteller.

§ 18
Vereidigung

(1) Der Untersuchungsausschuß entscheidet über die Vereidigung von Auskunftspersonen. Auf Antrag eines Viertels seiner Mitglieder oder der Antragsteller wird auf die Vereidigung verzichtet.

(2) Auskunftspersonen ist vor der Vereidigung Gelegenheit zu geben, sich noch einmal zu diesem Beweisthema zu äußern. §§ 66 c bis 67 und 79 Abs. 2 und 3 der Strafprozeßordnung finden Anwendung.

(3) Von der Vereidigung ist abzusehen,

1. wenn der Verdacht besteht, die Auskunftsperson könne an einer strafbaren Handlung beteiligt sein, deren Aufklärung nach dem Sinn des Untersuchungsauftrages zum Gegenstand der Untersuchung gehört,

2. bei Personen, die zur Zeit der Vernehmung das 16. Lebensjahr noch nicht vollendet haben oder die wegen mangelnder Verstandesreife oder wegen Verstandesschwäche vom Wesen und der Bedeutung des Eides keine genügende Vorstellung haben.

§ 19
Rechts- und Amtshilfe

(1) Bei Ersuchen um Rechts- oder Amtshilfe zur Vernehmung von Auskunftspersonen sind die an die Auskunftsperson zu richtenden Fragen im einzelnen fest-

zulegen. Dem Ersuchen ist eine schriftliche Fassung des Untersuchungsauftrages beizufügen. Der Untersuchungsausschuß gibt an, ob die Auskunftsperson vereidigt werden soll.

(2) Über die Untersuchungshandlung ist ein Protokoll aufzunehmen.

(3) Ersuchen um Rechts- oder Amtshilfe sind an die obersten Bundes- oder Landesbehörden zu richten. Die Befugnisse des Untersuchungsausschusses nach § 16 bleiben unberührt. Das Ersuchen um Rechtshilfe zur Erhebung von Beweisen ist an das Verwaltungsgericht zu richten, in dessen Bereich die Untersuchungshandlung vorgenommen werden soll.

§ 20
Verlesen von Protokollen und Schriftstücken

(1) Die Protokolle über Untersuchungshandlungen von Gerichten, Verwaltungsbehörden und Untersuchungsausschüssen sowie Schriftstücke, die als Beweismittel dienen, sind vor dem Untersuchungsausschuß zu verlesen.

(2) Von der Verlesung kann nur Abstand genommen werden, wenn die Protokolle oder Schriftstücke allen ordentlichen Mitgliedern des Untersuchungsausschusses zugegangen sind und die Mehrheit der anwesenden Mitglieder im Einvernehmen mit den Antragstellern auf die Verlesung verzichtet.

§ 21
Schlußbericht

(1) Der Untersuchungsausschuß soll im Einvernehmen mit den Antragstellern dem Bundestag einen schriftlichen Bericht über den Verlauf des Verfahrens, die ermittelten Tatsachen und das Ergebnis der Untersuchung vorlegen. Jedes Ausschußmitglied hat das Recht, dem Bundestag einen schriftlichen Bericht vorzulegen.

(2) Der Bundestag kann während der Untersuchung vom Untersuchungsausschuß einen Zwischenbericht über den Stand des Verfahrens verlangen.

§ 22
Rechte des Verteidigungsausschusses als Untersuchungsausschuß

(1) Beschließt der Verteidigungsausschuß, eine Angelegenheit zum Gegenstand einer Untersuchung zu machen oder wird ein entsprechendes Verlangen von einem Viertel seiner Mitglieder vorgebracht, hat der Verteidigungsausschuß bei seinen Untersuchungen die Rechte eines Untersuchungsausschusses.

(2) Den Vorsitz führt der/die Vorsitzende des Verteidigungsausschusses.

(3) Macht der Verteidigungsausschuß oder ein Viertel seiner Mitglieder eine Angelegenheit zum Gegenstand der Untersuchung, kann er zur Durchführung einer Untersuchung einen Unterausschuß einsetzen, in den auch stellvertretende Mitglieder des Verteidigungsausschusses entsandt werden können.

(4) Der Verteidigungsausschuß hat über das Ergebnis seiner Untersuchung dem Plenum einen Bericht zu erstatten. Eine Aussprache darf sich nur auf den veröffentlichten Bericht beziehen.

§ 23
Kosten und Auslagen

(1) Die Kosten des Untersuchungsverfahrens trägt der Bund.

(2) Auskunftspersonen werden nach dem Gesetz über die Entschädigung von Zeugen und Sachverständigen entschädigt. Die Entschädigung wird durch die Bundestagsverwaltung festgesetzt. Die Auskunftsperson kann beim Amtsgericht Bonn die gerichtliche Festsetzung der Entschädigung beantragen. § 16 des Gesetzes über die Entschädigung von Zeugen und Sachverständigen gilt entsprechend.

§ 24
Gerichtliches Verfahren

Zuständiges Gericht im Sinne des Gesetzes ist das Bundesverfassungsgericht. Die Entscheidungen trifft der Zweite Senat.

§ 25
Inkrafttreten

Das Gesetz tritt am Tage nach der Verkündung in Kraft.

Bonn, den 18. März 1988

Dr. Vogel und Fraktion

Begründung

Nach Artikel 44 Abs. 1 GG hat der Bundestag das Recht und auf Antrag eines Viertels seiner Mitglieder die Pflicht, einen Untersuchungsausschuß einzusetzen. Das Untersuchungsrecht gemäß Artikel 44 GG ist ein Recht des Bundestages als Verfassungsorgan und — aufgrund des Einsetzungsanspruchs der Minderheit von einem Viertel seiner Mitglieder — ein Mittel der Opposition zur parlamentarischen Kontrolle.

Der Schwerpunkt der Untersuchungen liegt in der parlamentarischen Kontrolle. Sie ist nur gewährleistet, wenn zwischen Parlament und Regierung — in den Worten des Bundesverfassungsgerichts — ein „politisches Spannungsverhältnis" besteht (BVerfGE 49, 70, 85). Ein Untersuchungsverfahren, das nicht von dieser Spannung ausgelöst und in Gang gehalten wird, kann seinem Zweck nicht gerecht werden. In der Sicherstellung dieser Kontrolle liegt die verfassungsrechtliche Bedeutung des Minderheitsrechts (BVerfGE a. a. O.). Das ursprüngliche Spannungsverhältnis zwischen Parlament und Regierung, wie es in der konstitutionellen Monarchie bestand, hat sich in der parlamentarischen Demokratie, deren Parlamentsmehrheit regelmäßig die Regierung trägt, gewandelt. Es wird nun vornehmlich geprägt durch das politische Spannungsverhältnis zwischen der Regierung und den sie tragenden Parlamentsfraktionen einerseits und der Opposition andererseits. „Im parlamentarischen Regierungssystem überwacht daher in erster Linie nicht die Mehrheit die Regierung, sondern diese Aufgabe wird vorwiegend von der Opposition — und damit in der Regel von einer Minderheit — wahrgenommen. Das durch die Verfassung garantierte Recht der Minderheit auf Einsetzung eines Untersuchungsausschusses darf, soll vor diesem Hintergrund die parlamentarische Kontrolle ihren Sinn noch erfüllen können, nicht angetastet werden. Mit dem Recht auf Einsetzung eines Untersuchungsausschusses allein ist jedoch das Kontrollrecht der Minderheit noch nicht gewährleistet. Eine ungehinderte Ausübung setzt weitere Sicherungen voraus" (BVerfGE 49, 70, 86).

Der Entwurf trägt dieser besonderen Kontrollfunktion der Untersuchungsausschüsse Rechnung.

In Anlehnung an BVerfGE 49, 70, 86 ff., wird in § 3 des Entwurfs geregelt, daß der in einem Minderheitenantrag bezeichnete Untersuchungsgegenstand gegen den Willen der Antragsteller nicht geändert oder ergänzt werden kann.

Das Beweiserhebungsrecht wird unter Berücksichtigung der Minderheitenrechte besonders geregelt. An der in Artikel 44 Abs. 2 GG vorgeschriebenen sinngemäßen Anwendung der Vorschriften über den Strafprozeß wird festgehalten. Der Entwurf enthält konkretisierende Vorschriften insbesondere zum Recht der Beweiserhebung in §§ 13 ff.

Der Entwurf regelt, daß der Untersuchungsausschuß den notwendigen Geheimschutz zu gewährleisten hat. Da sich die Entscheidungen über die Geheimhaltungseinstufungen nach § 9 Abs. 4 Satz 2 des Entwurfes nach der Geheimschutzordnung des Bundestages bzw. nach den entsprechenden Regelungen für die Exekutive richten, sind diese durch besondere Vorschriften für Auskunftsbegehren eines parlamentarischen Untersuchungsausschusses des Bundestages zu ergänzen.

Für Streitigkeiten anläßlich des Untersuchungsausschußverfahrens ist grundsätzlich das Bundesverfassungsgericht zuständig (§ 24 des Entwurfs). Die Entscheidungen über die Festsetzung von Ordnungsmitteln und über die Anordnung der Vorführung, der Beschlagnahme und der Durchsuchung (§ 16 Abs. 2 und 3 des Entwurfs) trifft der Zweite Senat.

Für die Festsetzung der Entschädigung einer Auskunftsperson kann das Amtsgericht Bonn angerufen werden (§ 23 Abs. 2 Satz 3 des Entwurfs).

Ersuchen um Rechtshilfe zur Erhebung von Beweisen sind an das Verwaltungsgericht zu richten (§ 19 Abs. 3 Satz 3 des Entwurfs).

Die Rechtsprechung zum Recht der parlamentarischen Untersuchungsausschüsse

	Anzahl der Entscheidungen
1. Bundesverfassungsgericht	9
2. Bundesgerichtshof	2
3. Bundesverwaltungsgericht	3
4. Staats-/Verfassungsgerichtshöfe der Bundesländer	16
5. Verwaltungsgerichte der Bundesländer (VGH, OVG, VG, jeweils alphabetisch geordnet)	15
6. Ordentliche Gerichte (OLG, LG, jeweils alphabetisch geordnet)	14
7. Finanzgerichte	3
	62

Entscheidung	Gegenstand

1. Bundesverfassungsgericht

1.1	Beschluß vom 2. August 1978 – 2 BvK 1/77 –, in: BVerfGE 49, S. 70	Minderheitenrechte bei der Einsetzung eines parlamentarischen Untersuchungsausschusses.
1.2	Beschluß vom 22. November 1983 – 2 BvR 1730/83 –, in: NJW 1984, S. 1345 (Neue Heimat – Hamburg)	Zur Verfassungsmäßigkeit einer gerichtlich angeordneten Beschlagnahme von Akten im Rahmen der Beweiserhebung eines parlamentarischen Untersuchungsausschusses.
1.3	Beschluß vom 5. Juni 1984 – 2 BvR 611/84 –, in: NJW 1984, S. 2276 (Boehringer)	Zur verfassungsrechtlichen Zulässigkeit eines gerichtlichen Durchsuchungs- und Beschlagnahmebeschlusses auf Antrag eines parlamentarischen Untersuchungsausschusses.
1.4	Urteil vom 17. Juli 1984 – 2 BvE 11, 15/83 –, in: BVerfGE 67, S. 100 (Flick)	Aktenvorlagepflicht der Bundesregierung: Voraussetzungen und Grenzen; Geheimhaltungsfragen; Zulässigkeit des sog. Vorsitzenden-Verfahrens. Rechtsschutz der Minderheit im Untersuchungsverfahren.
1.5	Beschluß vom 17. Dezember 1985 – 2 BvE 1/85 –, unveröffentlicht	Antragsfrist im Organstreitverfahren; Rechtsschutz der Minderheit im Untersuchungsverfahren.
1.6	Beschluß vom 27. Januar 1986 – 2 BvR 1315/85 –, unveröffentlicht	Rechtsschutz der Minderheit im Untersuchungsverfahren, Unzulässigkeit einer Verfassungsbeschwerde einer Fraktion gegen eine gerichtliche Entscheidung, durch die die Herausgabe von Akten an einen parlamentarischen Untersuchungsausschuß verweigert wird.
1.7	Urteil vom 5. November 1986 – 2 BvR 1178/86 u. a. –, in: BVerfGE 74, S. 7 (BGAG-Urteil)	Geheimschutzmaßnahmen im Rahmen der Beschlagnahme von Protokollen des Aufsichtsrates eines privaten Unternehmens (einstweilige Anordnung, überholt durch Beschluß vom 1. Oktober 1987, unten 1.9).
1.8	Beschluß vom 1. Oktober 1987 – BvR 1165/86 –, in: NJW 1988, S. 897 (Lappas)	Zu Fragen des Zeugniszwangs: Beugehaft; kein Zeugnisverweigerungsrecht eines Vorstandsmitgliedes über Geschäftsinterna Verbot, streng persönliche Daten zu ermitteln.
1.9	Beschluß vom 1. Oktober 1987 – 2 BvR 1178/86 u. a. –, in: NJW 1988, S. 890 (BGAG-Beschluß)	Zulässigkeit der Benennung von Ausschußmitgliedern durch die Fraktionen; Enqueten in nichtstaatlichen Bereichen; Zulässigkeit der Beschlagnahme; Geheimschutzfragen.

2. Bundesgerichtshof

2.1	Urteil vom 19. Februar 1960 – 1 StR 609/59 –, in: BGHSt 17, S. 128	Vereidigung eines Zeugen im Verfahren eines parlamentarischen Untersuchungsausschusses.
2.2	Urteil vom 3. Oktober 1978 – VI ZR 191/76 –, in: MDR 1979, S. 217	Zum Umfang der Aussagepflicht eines Zeugen vor einem parlamentarischen Untersuchungsausschuß.

Entscheidung	Gegenstand

3. Bundesverwaltungsgericht

3.1	Urteil vom 25. März 1980 – I D 14/79 –, in: BiA 1980 S. 213	Zur Falschaussage eines Beamten vor einem parlamentarischen Untersuchungsausschuß.
3.2	Urteil vom 21. November 1980 – 7 C 85.78 –, in: DÖV 1981, S. 300	Zum Rechtsweg bei Streitigkeiten wegen Vorladung zur Vernehmung als Zeuge vor einem parlamentarischen Untersuchungsausschuß.
3.3	Urteil vom 19. Mai 1988 – 7 C 37.87 –, in: NJW 1988, S. 1924	Zum Recht eines parlamentarischen Untersuchungsausschusses eines Bundeslandes, „Nichtlandeskinder" als Zeugen zu laden.

4. Staats-/Verfassungsgerichtshöfe der Bundesländer

a) StGH Baden-Württemberg

4.1	Urteil vom 16. April 1977 – 2/76 –, in: ES VGH 27 S. 1	Zu den Anforderungen an die Bestimmtheit eines Minderheitsantrages auf Einsetzung eines parlamentarischen Untersuchungsausschusses; Zum Begriff des „schutzwürdigen Interesses" an der Weiterverfolgung eines Organstreits nach Ablauf der Wahlperiode.
4.2	Beschluß vom 15. März 1985 – GR 1/83 –, in: VBlBW 1985, S. 213	Zur Erledigung eines Organstreits.

b) Bayerischer Verfassungsgerichtshof

4.3	Entscheidung vom 30. November 1955 – Vf II – 7 – 55 –, in: Sammlung von Entscheidungen des Bayerischen Verwaltungsgerichtshofes mit Entscheidungen des Bayerischen Verfassungsgerichtshofes, Band 8, S. 91	Zur Einsetzung und zu den Aufgaben eines parlamentarischen Untersuchungsausschusses.
4.4	Entscheidung vom 27. Juni 1977 – Vf 31 – IV – 77 –, in: BayVBl. 1977, S. 597	Zum Minderheitsrecht auf Einsetzung eines parlamentarischen Untersuchungsausschusses.
4.5	Urteil vom 29. Juli 1981 – Vf 92 – IV – 80 –, in: BayVBl. 1981, S. 593	Zum Minderheitsrecht auf Einsetzung eines parlamentarischen Untersuchungsausschusses.
4.6	Urteil vom 19. Juli 1982 – Vf 84 – IV – 82 –, in: BayVBl. 1982, S. 559	Zu den Voraussetzungen einer einstweiligen Anordnung mit dem Ziel, den bayerischen Landtag zur Fortsetzung der Arbeit eines parlamentarischen Untersuchungsausschusses zu zwingen.

	Entscheidung	Gegenstand
4.7	Entscheidung vom 12. August 1982 – Vf 104 – IV – 82 –, in: BayVBl. 1983, S. 78	Zur Tätigkeit des Zwischenausschusses (Art. 26 BV) als Untersuchungsausschuß.
4.8	Entscheidung vom 16. Dezember 1983 – Vf 56 – IV – 83 –, in: NJW 1985, S. 426	Verfassungsbeschwerde gegen Tätigkeit eines Untersuchungsausschusses.
4.9	Entscheidung vom 27. November 1985 – Vf 67 – IV – 85 –, in: DVBl. 1986, S. 233 (Wackersdorf)	Zur Zulässigkeit eines Antrages auf Einsetzung eines Untersuchungsausschusses.

c) Staatsgerichtshof der Freien Hansestadt Bremen

	Entscheidung	Gegenstand
4.10	Entscheidung vom 17. April 1970 – St 1/69 –, in: DÖV 1970, S. 386	Zulässigkeit von Beschlagnahme und Durchsuchung im parlamentarischen Untersuchungsverfahren.
4.11	Entscheidung vom 13. März 1978 – St 3/76 –, in: Entscheidungen des Staatsgerichtshofes der Freien Hansestadt Bremen, 1980, S. 75	Parlamentarisches Untersuchungsrecht und kommunale Selbstverwaltung

d) Staatsgerichtshof des Landes Hessen

	Entscheidung	Gegenstand
4.12	Urteil vom 24. November 1966 – P.St. 414 –, in: DÖV 1967, S. 51	Zulässigkeitsvoraussetzungen und Grenzen einer parlamentarischen Untersuchung.
4.13	Beschluß vom 9. Februar 1972 – P.St. 665 –, in: DÖV 1972, S. 568	Unzulässigkeit einer Klage gegen Einsetzung eines parlamentarischen Untersuchungsausschusses.

e) Niedersächsischer Staatsgerichtshof

	Entscheidung	Gegenstand
4.14	Urteil vom 19. Dezember 1957 – StGH 1/25 –, in: AÖR 83 (1958), S. 421	Zur Frage des Zutritts der Regierung und ihrer Beauftragten zu Sitzungen des parlamentarischen Untersuchungsausschusses.
4.15	Urteil vom 16. Januar 1986 – StGH 1/85 –, in: DVBl. 1985, S. 237	Zum Beweisantragsrecht der qualifizierten Minderheit.
4.16	Urteil vom 16. Januar 1986 – StGH 2/85 –, in: DVBl. 1986, S. 238	Zum Beweisantragsrecht der qualifizierten Minderheit.

Entscheidung	Gegenstand
5. Verwaltungsgerichte der Länder	
5.1 BayVGH, Urteil vom 19. Mai 1978 – Nr. 276 III 77 –, in: BayVBl. 1981, S. 209	Zur Frage des Rechtswegs für die Anfechtung einer Ladung eines Zeugen.
5.2 OVG Berlin, Urteil vom 30. Oktober 1969, – OVG V B 22.69 –, in: Entscheidungen des OVG Berlin, Band 10 (1970), S. 163	Zur Verhängung einer Ordnungsstrafe gegenüber einem Zeugen durch einen parlamentarischen Untersuchungsausschuß.
5.3 OVG Hamburg, Beschluß vom 27. Mai 1986 – BS IV 318/86 –, in: NVwZ 1987, S. 610	Rechtsschutz gegen Abschlußbericht eines parlamentarischen Untersuchungsausschusses.
5.4 OVG Lüneburg, Urteil vom 26. April 1954 – II OVG C 1/53 –, in: DVBl. 1954, S. 574	Zum Minderheitsrecht auf Einsetzung eines parlamentarischen Untersuchungsausschusses.
5.5 OVG Lüneburg, Beschluß vom 27. November 1985 – OVG B 99/85 –, in: DÖV 1986, S. 210	Zu Maßnahmen des Zeugniszwangs.
5.6 OVG Lüneburg, Urteil vom 28. Januar 1986 – 5 A 200/85 –, in: DVBl. 1986, S. 476	Zu Fragen des Rechtsweges und der Klageart bei Maßnahmen des Zeugniszwangs durch einen parlamentarischen Untersuchungsausschuß; Zum Recht des parlamentarischen Untersuchungsausschusses eines Bundeslandes, „Nichtlandeskinder" als Zeugen zu laden (aufgehoben durch BVerwG, oben 3.3)
5.7 OVG Münster, Beschluß vom 2. September 1986 – 15 B 1849/86 –, in: DÖV 1987, S. 113	Status des Betroffenen; Rechtsnatur der IPA-Regeln
5.8 OVG Münster, Beschluß vom 23. September 1986 – 15 B 2039/86 –, in: DÖV 1987, S. 115	Zur Frage des einstweiligen Rechtsschutzes bei Zwangsmaßnahmen durch einen parlamentarischen Untersuchungsausschuß.
5.9 OVG Rheinland-Pfalz, Beschluß vom 7. Januar 1986 – 7 B 73/85 –, in: DVBl. 1986, S. 480	Zum Anspruch eines Unternehmens auf Unterlassung der Herausgabe von Ermittlungsakten der Staatsanwaltschaft an einen parlamentarischen Untersuchungsausschuß.
5.10 OVG Saarlouis, Beschluß vom 3. April 1987 – 2 W 129/87 –, in: NVwZ 1987, S. 612	Parlamentarisches Untersuchungsrecht und kommunale Selbstverwaltung.
5.11 VG Köln, Beschluß vom 5. August 1986 – 4 L 858/86 –, unveröffentlicht	Status des Betroffenen (vgl. auch oben 5.7).

Entscheidung	Gegenstand

5.12	VG Köln, Beschluß vom 26. August 1986 – 4 L 1185/86 –, unveröffentlicht	Zur Frage des einstweiligen Rechtsschutzes bei Zwangsmaßnahmen durch einen parlamentarischen Untersuchungsausschuß.
5.13	VG Hamburg, Urteil vom 11. November 1986 – 11 VG 1000/85 –, in: NJW 1987, S. 1568	Ordnungsgeld gegen Zeugen; Rechtsbeistand des Zeugen; Grundsätze des fair trial im parlamentarischen Untersuchungsverfahren.
5.14	VG Hamburg, Beschluß vom 22. Mai 1986 – 5 VG 1391/86 –, in: DVBl. 1986, S. 1017	Rechtsschutz gegen Abschlußbericht eines parlamentarischen Untersuchungsausschusses (siehe auch oben 5.3).
5.15	VG Mainz, Beschluß vom 19. September 1985 – 1 L 48/85; 1 L 49/85 –, in: NVwZ 1986, S. 589	Aktenvorlage an einen parlamentarischen Untersuchungsausschuß und Steuergeheimnis (siehe auch oben 5.9).

6. Ordentliche Gerichte

6.1	OLG Hamm, Beschluß vom 13. Juni 1984 – 1 VAs 45/84, –, unveröffentlicht	Zur Frage der Herausgabe von Strafakten und Beweismittelordnern an einen parlamentarischen Untersuchungsausschuß.
6.2	OLG Koblenz, Urteil vom 23. Juni 1987 – 2 Ss 138/87 –, unveröffentlicht	Zur Frage der falschen Aussage eines Zeugen vor einem parlamentarischen Untersuchungsausschuß.
6.3	OLG Köln, Beschluß vom 13. September 1985 – 2 Ws 309/85 –, in: NStZ 1986, S. 90	Zur Frage der Einsicht in Strafakten durch „Fraktion im Untersuchungsausschuß."
6.4	OLG Köln, Beschluß vom 13. September 1985 – 2 Ws 322/85 –, unveröffentlicht	Beschwerde von Ausschußmitgliedern gegen die ablehnende Verfügung eines Strafrichters, Einblick in Strafakten zu gewähren.
6.5	OLG Köln, Beschluß vom 13. September 1985 – 2 Ws 323/85 –, unveröffentlicht	Beschwerde von Ausschußmitgliedern gegen die ablehnende Verfügung eines Strafrichters, Einblick in Strafakten zu gewähren.
6.6	OLG Köln, Beschluß vom 13. September 1985 – 2 Ws 360/85 –, in: NStZ 1986, S. 88	Zur Frage der Einsicht in Strafakten durch einen parlamentarischen Untersuchungsausschuß.
6.7	OLG Köln, Beschluß vom 14. September 1984 – 2 Ws 368/84 –, in: NJW 1985, S. 336	Zum Aktenvorlageanspruch eines parlamentarischen Untersuchungsausschusses; Probleme zeitgleicher strafrechtlicher und parlamentarischer Untersuchungen.
6.8	LG Bonn, Beschluß vom 21. Oktober 1986 – 31 Qs 203/86 –, in: NJW 1987, S. 790	Zur Beugehaft (vgl. oben 1.8).

	Entscheidung	Gegenstand
6.9	LG Bonn, Beschluß vom 23. Oktober 1986 – 31 Qs 203/86 –, unveröffentlicht	Zu Fragen der Konkurrenz von § 70 Abs. 1 StPO (Ordnungsgeld) und § 70 Abs. 2 StPO (Beugehaft).
6.10	LG Frankfurt a. M., Beschluß vom 22. Oktober 1986 – 5/28 Qs 16/86 –, in: NJW 1987, S. 787	Zur Beschlagnahme von Aufsichtsratsprotokollen eines Unternehmens im Rahmen der Beweiserhebung eines parlamentarischen Untersuchungsausschusses (siehe auch oben 1.9).
6.11	LG Frankfurt a. M., Beschluß vom 31. Oktober 1986 – 5/28 Qs 19/86 –, in: NJW 1987, S. 790	Zum Rechtsschutz Drittbetroffener bei der Beschlagnahme von Aufsichtsratsprotokollen zugunsten eines parlamentarischen Untersuchungsausschusses (siehe auch oben 1.9).
6.12	LG Hamburg, Beschluß vom 3. November 1986 – 93 Qs 79/83 –, in: ZIP 1984, S. 114	Zur Beschlagnahme im parlamentarischen Untersuchungsverfahren.
6.13	LG Hamburg, Beschluß vom 25. März 1982 – 97 Qs 14/82 –, in: MDR 1982, S. 604	Zur Beschlagnahme im parlamentarischen Untersuchungsverfahren.
6.14	LG Kiel, Urteil vom 17. Februar 1988 – 2 O 60/88 –, unveröffentlicht	Zum Rechtsschutz bei Veröffentlichung des Abschlußberichtes.

7. Finanzgerichte

	Entscheidung	Gegenstand
7.1	FG Hamburg, Urteil vom 11. Juli 1985 – III 127/85 –, in: NVwZ 1986, S. 598	Zur Vorlage von Steuerakten an einen parlamentarischen Untersuchungsausschuß.
7.2	FG Hamburg, Beschluß vom 4. Februar 1985 – III 22/85 –, unveröffentlicht	Zur Beiladung eines parlamentarischen Untersuchungsausschusses im Verfahren auf Vorlage von persönlichen Steuerakten.
7.3	FG Hamburg, Urteil vom 5. Februar 1985 – III 17/85 –, unveröffentlicht	Fragen des Rechtsschutzes bei Vorlage persönlicher Steuerakten an einen parlamentarischen Untersuchungsausschuß.

Uwe Thaysen/Suzanne S. Schüttemeyer
Bedarf das Recht der parlamentarischen Untersuchungsausschüsse einer Reform?
Beiträge und Materialien zur Seminartagung der Deutschen Vereinigung für Parlamentsfragen e.V. und des Niedersächsischen Landtags, Hannover, 20. und 21. November 1987

Lange Zeit schien es so, als ob der Untersuchungsauschuß als parlamentarisches Instrument zur demokratisch-rechtsstaatlichen Kontrolle gänzlich in den Hintergrund getreten sei. In den letzten Jahren haben jedoch die Parlamente in Bund und Ländern immer häufiger davon Gebrauch gemacht, und prompt sind jene (Vor-) Urteile wieder da, die Untersuchungsausschüsse als ergebnisloses Horneberger Schießen abtun, sie als Verfahren ansehen, das »nur« den ohnehin bekannten Parteienstreit widerspiegelt. Dieser landläufigen Geringschätzung von Untersuchungsausschüssen wird mit dem vorliegenden Band entgegengetreten.

Es werden u.a. Vorträge und Diskussionsbeiträge einer Tagung dokumentiert, die die Deutsche Vereinigung für Parlamentsfragen und der Niedersächsische Landtag veranstaltet haben. Dabei wurde besonderer Wert auf die empirische Fundierung der juristischen und politikwissenschaftlichen Aussagen gelegt; entsprechend kamen Referenten und Diskutanten zu Wort, die selbst an Untersuchungsausschußverfahren in unterschiedlichsten Funktionen teilgenommen hatten. Praktiker wie Theoretiker befürworteten überwiegend die Notwendigkeit einer rechtlichen Regelung des Verfahrens und belegten die spezifische Wirksamkeit parlamentarischer Untersuchungsauschüsse. Neben der Tatsachenermittlung, die entgegen der populären Kritik geleistet wird, neben personellen, organisatorischen und gesetzgeberischen Konsequenzen, die aus Untersuchungsausschüssen gezogen werden, offenbaren diese Verfahren vor allem die Urteils- und Verhaltensmaßstäbe der politischen Akteure und Parteien - und diese »Parteienwahrheiten« sind in der Regel für die Bürger objektiv bedeutsamer als ermittelte Tatsachen, denn sie sind die Ausgangsbasis vieler bevorstehender, die Bürger betreffender politischer Entscheidungen der Parteien.

Die Präsentation einschlägiger Meinungen und Materialien sowie ihre Interpretation machen den Band nicht zuletzt zu einer Arbeitsgrundlage des Ende September stattfindenden 57. Deutschen Juristentages, der sich mit der Frage befassen wird: Empfiehlt sich eine gesetzliche Neuordnung der Rechte und Pflichten parlamentarischer Untersuchungsausschüsse?

1988, 320 S., brosch., ISBN 3-7890-1626-8

 NOMOS VERLAGSGESELLSCHAFT
Postfach 610 · 7570 Baden-Baden

Rudolf Hrbek/Uwe Thaysen (Hrsg.)

Die Deutschen Länder und die Europäischen Gemeinschaften

Die Zugehörigkeit zur EG hat für die Bundesrepublik Deutschland als einzigem Mitgliedstaat mit föderativer Ordnung von Anfang an das Problem aufgeworfen, ob und inwieweit bei fortschreitender Integration die Qualität der Länder als Staaten beeinträchtigt wird. Die Länder haben deshalb von Anfang an gefordert, am innerstaatlichen Entscheidungsprozeß in EG-Angelegenheiten auf Gebieten ausschließlicher Länderkompetenz mitzuwirken. Die Bundesregierungen waren nicht bereit, ihr Verhalten in den EG-Institutionen von der Zustimmung der Länder oder des Bundesrates abhängig zu machen. Was an pragmatischen Regeln und Verfahren für die Mitwirkung der Länder gefunden und praktiziert wurde, reicht den Ländern nicht mehr aus. Sie sehen, zumal als Folge der jetzt anstehenden EG-Reform, eine Flut von Rechtsakten der EG auf Gebieten unmittelbarer Länderkompetenzen und nutzen die Ratifikation der Einheitlichen Europäischen Akte – sie enthält das Paket der EG-Reform – zur rechtlichen Absicherung ihres Mitwirkungsanspruchs. Unabhängig davon haben einige Länder mit der Einrichtung von Büros in Brüssel begonnen, was ihnen den Vorwurf einer »Neben-Außenpolitik« eingetragen hat.

Wissenschaftler sowie Repräsentanten der Länder, des Bundes und der EG-Institutionen erörtern in diesem Band die Erfahrungen mit den bisherigen Mitwirkungsformen und diskutieren Voraussetzungen und mögliche Folgen von Neuregelungen. Im Anhang sind Dokumente und Materialien zur Thematik abgedruckt.

1986, 294 S., 29,– DM, ISBN 3–7890–1350–1

NOMOS VERLAGSGESELLSCHAFT
Postfach 610 · 7570 Baden-Baden

Christian Starck (Ed.)

Rights, Institutions and Impact of International Law according to the German Basic Law

The Contributions of the Federal Republic of Germany to the Second World Congress of the International Association of Constitutional Law

---

This volume contains the national reports of the Federal Republic of Germany to the Second World Congress of the International Association of Constitutional Law. The contributions come to the following conclusions. Since the fundamental rights are not only proclamations but also directly applicable and binding law with effective judicial protection, it is necessary to interpret them in a disciplined fashion. Fundamental rights as social and cultural rights, from which claims to State actions and benefits may be deduced, cannot be protected by the courts as well as the classic fundamental rights. The way in which the parliament and the administration function shows the typical predominance of an administration within the parliamentary form of government. Problems of inflation of legal rules are in part consequences of the constitutional jurisdiction concerning the rule of law. The regulations on the state of emergency in the Basic Law have not led to a strengthening of the executive power since these rules have not yet been applied and since they provide for strong parliamentary control. The influence of international law on legal life in the Federal Republic is already deeply rooted in the Basic Law. The three chapters of this volume containing ten essays deal with the questions just raised and convey important insight into the constitutional problems currently being discussed.

1987, 264 S., Salesta brosch., 59,– DM, ISBN 3-7890-1374-9
(Studien und Materialien zur Verfassungsgerichtsbarkeit; Band 37)

 NOMOS VERLAGSGESELLSCHAFT
Postfach 610 · 7570 Baden-Baden

Christian Starck/Albrecht Weber (Hrsg.)

Verfassungsgerichtsbarkeit in Westeuropa

Teilband I: Berichte – *1986, 392 S., Salesta geb.*
Teilband II: Dokumentation – *1986, 616 S., Salesta* (Losebl.)

Das hiermit vorgelegte 2-bändige Werk stellt die Verfassungsgerichtsbarkeit in den einzelnen westeuropäischen Staaten vor und dokumentiert die der Tätigkeit der einzelnen Verfassungsgerichte zugrundeliegenden Rechtsnormen. Teilband I enthält nach einem einheitlichen Schema aufgebaute Darstellungen über die Verfassungsgerichtsbarkeit der Bundesrepublik Deutschland (Benda), Österreichs (Korinek), der Schweiz (W. Haller), Italiens (Ritterspach), Spaniens (Rubio Llorente), Portugals (Cardoso da Costa), Frankreichs (Fromont), Belgiens (Delpérée) und Griechenlands (Dagtoglou). Behandelt werden jeweils Institution, Kompetenzen, Verfahren und Entscheidungswirkungen der Verfassungsgerichte; statistische und bibliographische Hinweise sind beigefügt. Der 1. Teilband wird eingeleitet durch einen Beitrag über Ursprünge und Wesen der Verfassungsgerichtsbarkeit aus dem Gedanken des Vorrangs der Verfassung (Starck) sowie durch einen rechtsvergleichenden Generalbericht über die Verfassungsgerichtsbarkeit in Westeuropa (A. Weber). Teilband II enthält eine Sammlung des jeweiligen die Verfassungsgerichtsbarkeit regelnden nationalen Rechts, d. h. der Verfassungstexte, Verfassungsgerichtsgesetze sowie sonstiger Regelungen einschließlich der Geschäftsordnungen, und zwar in der Originalsprache mit gegenüberstehender deutscher Übersetzung. Die Dokumente sind eine unverzichtbare Arbeitsgrundlage für jede weitere wissenschaftliche und praktische Beschäftigung mit der Rechtsprechung der einzelnen Verfassungsgerichte und für die Rechtsvergleichung auf dem Gebiete des Verfassungsrechts.

ISBN 3-7890-9722-5, *247,– DM*
(Stud. u. Mat. zu. Verfassungs-Gerichtsbarkeit, Bd. 30/I–II)

   NOMOS VERLAGSGESELLSCHAFT
Postfach 610 · 7570 Baden-Baden

Christian Starck (ed.)

Main Principles of the German Basic Law

The Contributions of the Federal Republic of Germany to the First World Congress of the International Association of Constitutional Law

This volume contains the five national reports of the Federal Republic of Germany to the First World Congress of the International Association of Constitutional Law (IACL). The national reports cover the topic »The Modern Constitution«, which will be discussed in the congress in the following five sections: 1. The Different Concepts of the Modern Constitution 2. The Constituent Power 3. Problems of Application of Contemporary Constitutions 4. Interpretation of Contemporary Constitutions 5. Constitutional Review of Laws. These five subjects offer a glance at the main structures and functions of the Basic Law of the Federal Republic of Germany. The present volume may serve as an introduction to German Constitutional Law in English language. *Eckart Klein* separates five functions from the Basic Law and then deals with content and style of the Basic Law, followed by conclusions regarding the power of the legislature to define the common good, and the extent of the judicial control. *Gunnar Folke Schuppert* deals with the limits of constituent power in connection with the creation of the Basic Law and the power to amend the Constitution. The contribution by *Ulrich Karpen* is concerned with the application and realization of the Constitution. *Siegfried Magiera's* contribution is devoted to the interpretation of the Constitution, a subject which is no longer the exclusive concern of legal methodologists. Constitutional review of statutes by the judiciary, which is mentioned a number of times elsewhere, is the subject of *Jörn Ipsen's* contribution, which gives an extensive overview of the procedural and substantive problems connected with the review of norms.

(Studien und Materialien zur Verfassungsgerichtsbarkeit; Band 23)
1983, 149 S., 15,3 x 22,7 cm, Salesta brosch., 48,– DM
ISBN 3–7890–0922–9

 NOMOS VERLAGSGESELLSCHAFT
Postfach 610 · 7570 Baden-Baden